深圳信息职业技术学院 "双高计划" 建设成果系列丛书

| 光明社科文库 |

创建世界一流职业院校的
"深信"模式

王　晖◎主编

光明日报出版社

图书在版编目（CIP）数据

创建世界一流职业院校的"深信"模式／王晖主编
. --北京：光明日报出版社，2023.5
ISBN 978-7-5194-7239-9

Ⅰ.①创… Ⅱ.①王… Ⅲ.①高等职业教育—教育研
究—中国 Ⅳ.①G718.5

中国国家版本馆 CIP 数据核字（2023）第 089001 号

创建世界一流职业院校的"深信"模式
CHUANGJIAN SHIJIE YILIU ZHIYE YUANXIAO DE "SHENXIN" MOSHI

主　　编：王　晖

责任编辑：史　宁　陈永娟　　　　　责任校对：许　怡　李佳莹
封面设计：中联华文　　　　　　　　责任印制：曹　净

出版发行：光明日报出版社
地　　址：北京市西城区永安路 106 号，100050
电　　话：010-63169890（咨询），010-63131930（邮购）
传　　真：010-63131930
网　　址：http://book.gmw.cn
E - mail: gmrbcbs @ gmw.cn
法律顾问：北京市兰台律师事务所龚柳方律师

印　　刷：三河市华东印刷有限公司
装　　订：三河市华东印刷有限公司
本书如有破损、缺页、装订错误，请与本社联系调换，电话：010-63131930

开　　本：170mm×240mm
字　　数：183 千字　　　　　　　　印　　张：16
版　　次：2023 年 5 月第 1 版　　　　印　　次：2023 年 5 月第 1 次印刷
书　　号：ISBN 978-7-5194-7239-9
定　　价：95.00 元

编委会

目　录
CONTENTS

引言：深圳信息职业技术学院"双高计划"建设简介

深圳信息职业技术学院成立于 2002 年，是深圳市人民政府举办的全日制普通高等学校。校址位于深圳市龙岗区龙翔大道 2188 号，校园占地面积 1434.17 亩（956120.34 平方米），现有教学单位 15 个，开设专业 49 个，全日制在校生 21318 人。学校根植于深圳强大的信息技术产业集群和优渥的创新生态体系，与国家职业教育改革同向同行，善于抢抓国家职业教育发展重大机遇，实现了创新跨越发展。

2003 年，国家示范性软件学院获批立项；2007 年，以优异成绩通过教育部人才培养工作水平评估；2010 年，成为国家骨干校建设单位并最终以"优秀"等次通过验收；2011 年，"网络技术专业"国家级教学资源库获批立项，实现广东省零的突破；2014 年，"数字媒体专业群"国家级教学资源库获批立项，资源库数量位居全国同类院校前列；2016 年，成为入选广东省一流高职院校建设计划首批院校；2018 年，成为国家现代学徒制试点院校；2019 年，获"全国优质专科高等职业院校"认定，入选国家"双高计划"高水平高职学校（B 档）。

1

学校办学条件优越,是世界级体育赛事、各类国家级技能竞赛的举办地。生均占地面积、生均校舍建筑面积、生均教学科研行政用房面积、教学科研仪器设备总值、生均图书拥有量均居于全国高职前列。学校拥有职业教育办学必需的实训和实习场所,现有国家级实训基地 4 个;省级高职实训基地 16 个;省级仿真实训中心 1 个;省级大学生校外实践基地 16 个。优良的条件能够满足各专业的基础技能训练、技术技能实训和顶岗实习的需要,为学校率先建成本科层次职业学校和中国特色世界一流职业学校提供坚实的基础和保障。

目前专任教师近千名,硕士及以上学位教师占专任教师总数的 95%左右,其中博士学位教师占专任教师总数的 45%左右,居全国职业院校首位。来自行业企业一线的兼职教师 300 余人。专任专业课教师中"双师型"教师占 85%左右,在全国名列前茅。

近五年学校在职在岗教师(教师团队)获得国家级奖励或荣誉 7 项:中华人民共和国第一届职业技能大赛光电技术赛项金牌 1 项、全国先进工作者、全国优秀教师、全国职业院校信息化教学大赛一等奖、国家万人计划教学名师、国家级职业教育教师教学创新团队、近两届国家级教学成果奖评选一等奖和二等奖。

学生入学分数连年稳居全省第二,求学满意度达 95%以上,学生获得国家职业技能竞赛一等奖 16 项,年均获得行企顶级认证 40 项,就业创业领先,迄今已有 6 万多名毕业生扎根深圳。

学校出台科技创新改革"1+15"系列文件,连续 13 年获国家自然科学基金立项,主持的项目数累计达 33 项,资助经费累计 932 万元;2021 年教育部人文社科基金立项数位居全国职业院校第二;近五年,共立项厅级及以上科研项目 420 项，其中省部级以上项目 138 项，横向技术服务与培训到款额年均超 2000 万元，科研总经费约 3 亿元，累计获省级科技进步奖二等奖 3 项、三等奖 2 项，市级科技进步奖 5 项，科技创新奖 1 项，自然科学奖 1 项；连续三年获评全国高职院校服务贡献 50 强。五年来，共实现非学历培训 31.74 万人次，技能鉴定 7200 余人，社会服务累计总收入约 1 亿元，建设省级以上师资培训基地 3 个。

学校把"双高计划"建设定为"一号工程"，坚持始终与党的教育方针同心同向，始终与特区改革开放事业同呼吸共命运，始终与信息技术发展同频共振的"三同"办学理念，遵循"面向未来、面向前沿、面向产业、面向国际"的建设理念，全面推进中国特色、世界一流职业院校建设，以"打造一流治理，汇聚一流资源，培养一流人才，提供一流服务，领军开放办学"为建设思路，加强党建引领、文化浸润，奋力实现"四个打造五个提升"，垒筑软件技术、移动通信技术两大专业群"高峰"，推动了学校高质量、高绩效发展。学校成为大湾区有国际影响的信息类人才供给高地和技术创新引擎，初步建成中国特色、世界水平职业院校。到 2023 年，校企"双元"育人成绩显著，人才贯通培养体系完善，信息与通信技术（ICT）专业群教学标准走向国际，软件技术与移动通信专业群跻身世界一流水平，成为面向新一代信息技术创新型技能人才供给高地与一流技术技能创新服务基地，建成中国特色、世界水平信息技术类"双高"示范校。到 2035 年，学校整体实力达到国际先进水平，建成育训并举的现代职业教育体系，形成国际领先的产教融合机制创新范例，贡献中国特色的职业教育深圳标准与模式，成为智能时代全球职业教育领跑者。

本书共包含两大部分、十章二十六节、三十五篇案例，从党建业务双融双促、一流育人新架构、一流研发新形态、一流教学新支撑、一流人才新蓝海、一流合作新范式6个方面展示了深圳信息职业技术学院的双高建设成果。重点介绍了软件技术专业群和移动通信技术专业群两个国家高水平专业群，并选取介绍了集成电路专业群和工业软件专业群两个特色专业群。

01

创建中国特色世界一流职业院校

第一章

党建业务双融双促双发展

导　读

　　学校现代职业治理体系机制完善，形成了以党委领导下的校长负责制为核心，以章程为基础，以职能部门和专业院系为依托，以学术委员会、教代会、工会、学代会、理事会等为支撑的现代治理体系。学校依据《中华人民共和国教育法》《中华人民共和国高等教育法》和《中华人民共和国职业教育法》完善并发布《深圳信息职业技术学院章程》，充分发挥职能部门、各个院系和基层党组织的作用，校院两级管理改革成效显著，人财物管理严格规范，监察审计等廉政风控举措有力，善于发挥学术组织和群团组织的作用，从而形成了高效、协调、顺畅的运行机制，形成了推动改革的强大合力。校领导班子坚强有力，校领导均符合各项法律、法规、条例与规范性文件所规定的任职要求。党委书记能够准确把握学校的发展方向和大局，善于制定并组织实施创新发展战略，连续3年在省委教育工委高校党委书记述职考核中获优秀评价；校长拥有特区本科大学与职业院校的校领导工作经历，具有驾驭学校工作全局并开展前瞻性、针对性布局的能力；副校长均有高学历专业背景和丰富的一线教研经验，分管规划发展、科研与人才培养等核心业务。

校党委把党建和业务同部署、同考核，有效破解党建与业务"两张皮"。校党委以《深化新时代教育评价改革总体方案》为总牵引，构建了科学的学校评价、教师评价与学生评价机制。学校层面，推进落实立德树人根本任务，构建了完善的"三全育人"思政工作体系与"以生为本"文化润校服务体系；教师层面，分类培养深信学者、名师、优青与卓越双师，以代表性成果的创新性、贡献度和影响力为核心，分类评聘教学型、教学科研并重型、科研型教师；学生层面，注重全面发展与个性发展相统一、育德与修技相统一、职业素养与专业教育相统一。

学校在改革创新中形成了"有情怀地闯、创、干"的校园精神文化，办学实力实现了突飞猛进的增长，办人民满意的职业教育达到新高度。学生求学满意度高，省内招生分数长期稳居第二名，近两届获得国家教学成果一等奖、二等奖共4项，连续13年获得国家自然科学基金，入选国家"双高计划"高水平高职学校（B档）。学校党建工作获得首批全国党建工作标杆院系荣誉（全国高职院校唯一一所），培育创建了省级以上的党建工作示范高校、标杆院系与样板支部，形成了"一示范、两标杆、四样板"的党建双创三级全优示范体系，特别是学校两个"双高"专业群所在的二级学院双双入选省级以上先进党组织，又双双获得国家级职业教育教师教学创新团队，彰显了党建业务双融双促双发展的新成就。

第一节 加强党的建设，形成党建双创三级全优示范体系

案例：党建领航 形成党建与业务双融双促双发展格局

学校党委围绕新时代党的建设总要求和新时代职业教育的新要求，切实发挥"把方向、管大局、作决策、抓班子、带队伍、保落实"的领导作用，构建一流现代治校体系，形成党建与学校事业双融双促双发展的新格局。

第一，领航创优，构建一流现代治校体系。学校党委从顶层设计和战略布局上推进构建具有新时代特征的"三同"办学理念——"始终与新时代党的教育方针同心同向，始终与特区改革开放事业同呼吸共命运，始终与信息技术发展同频共振"，引领学校实现又好又快、高质量跨越式发展。学校坚持党委领导下的校长负责制，打造"党建领航+改革活校、质量立校、科研兴校、人才强校、开放办校、文化润校"的"1+6"工作体系，布好党建业务"一盘棋"。在微观层面，广泛运用"高站位、小切口、全体系、重实效"的"12字工作方略"，全方位推动学校各项工作落地落实，实现可持续发展。

第二，创先争优，打造党建三级全优示范体系。全面落实教育部"对标争先"建设计划，开展党建双创工作，有效破除基层党建中的"梗阻"和打通"最后一公里"问题。校党委书记抓党建述职评议考核连续5年获"好"等次。学校软件学院获首批全国党建工作标杆院系

（全国高职院校唯一一所），并以优异成绩通过验收。相继培育全省党建工作示范高校、2个全国（省）标杆院系、4个全国（省）样板支部，构建从学校党委到院系党委、基层党支部的"一示范、两标杆、四样板"党建三级全优示范体系。

第三，担当作为，营造浓厚干事创业氛围。校党委班子抓自身建设形成头雁效应，出台支持改革创新建立容错纠错机制办法，激励干部主动干事创业、大胆改革创新，旗帜鲜明为改革者负责、为担当者担当。开展"知事识人、序事辨材"专项调研，树立正确用人导向，打造了一支政治素养过硬、综合能力突出、勇担当、善作为的干部队伍，在学校"建双高""办本科""创一流"、疫情防控等重大战略任务和挑战中勇担重任、义无反顾。

第四，引领示范，实现党建与业务双提升。坚持党建领航"1+6"工作体系，有效破解党建与业务"两张皮"问题。2个全国（省）标杆院系双双入选全国职业院校教师教学创新团队，获"双高计划"专业群建设单位立项。学校"双带头人"覆盖率连续4年达到100%，全省"双带头人"教师党支部书记工作室通过验收，1名党员教师获省高职战线唯一的全国先进工作者殊荣，1位全国样板支部书记获"省优秀党务工作者"称号，实现党建与业务双融双促双发展。

（撰稿人：吴新民、安阳）

第二节　强化思政以文化人，
培养"红专能"信息技术技能人才

案例：以"润、潮、云"模式兴校园文化，育时代新人

深圳信息职业技术学院以习近平新时代中国特色社会主义思想为指导，围绕立德树人根本任务，坚持以文化人、以文育人，贯彻教育部近年工作要点强调的"推动职业教育'融入'文化"，落实教育部职成司司长陈子季在新闻发布会上提出的"推动职业学校做好文化育人顶层设计"。学校创新运用"润、潮、云"文化育人机制，打造了"三色校园文化"空间，不断提高文化育人有效性，培养了一大批"又红又专又能"的新一代信息技术技能人才。

一、思路：创新"润、潮、云"文化育人机制

1. "润"物无声

学校把"以文化人、以文育人"贯穿于办学治校、教书育人的每一个细节，融入校园每一个角落。尤其是学校独创的"活动思政"实践，包括体育活动、社团活动、专业实践与社会实践等，引领学生积极培育和践行社会主义核心价值观。

2. 弄"潮"时代

学校紧跟时代潮流，提高校园媒体在校园文化领域的传播力和影响

力。"深信"官微在《2020—2021 高职高专官微年度排行榜》中入选全国十强名列全国第三,成为思想保障、文化育人的精神动力。

3. "云"端思政

学校推出"五朵祥云"主题活动,即"云打卡""云宣传""云第二课堂""云运动""云班会",并加强"五朵祥云"的内涵建设,有针对性地开展"云助教""云志愿服务"等,把学生思想政治教育工作搬到"云端"。

二、做法:打造"三色校园文化"空间

1. 在时代"深信"、文化"深信"建"红廊"

学校建设"永远跟党走"思政文化长廊近百米、党建领航工作展馆 510 平方米。"风雅颂诗经艺术传承基地"入选教育部普通高校中华优秀传统文化传承基地,其作品获教育部"传承的力量"成果展示。

2. 在时尚"深信"、科技"深信"竖"蓝墙"

学校擦亮职业教育底色,"职业教育前途广阔、大有可为"上墙,推出产教科创新文化"名企墙"、建设"深信创新港"等,把工匠精神融入学生培养。社团活动涵养 IT 特色,团学竞赛获国家级奖励 11 项、省级以上奖励 113 项、涌现 2 个全国百强社团。

3. 在健康"深信"、国际"深信"铺"绿道"

学校建设体商碧道、体商文化体验馆,实施 153 个体商子项目,学生体测达标率由 58% 提升到 87%,获国家级体育竞赛奖项 74 项。广泛开拓与德国、法国等教育发达国家的职教合作,创新中外合作办学逆向模式获教育部、外交部亚洲区域合作专项支持。

三、成效：文化育人成效显著

1. 正能量师生典型不断涌现

涌现出"全国先进工作者"王新中、"全国技能大赛金牌选手"陈骏安、"守礁女兵"林思昭、从火箭兵到幼师华丽转身的钟伟明等先进典型，获人民网、新华网、《光明日报》等重磅媒体点赞。

2. 取得一批可量化育人成果

作为牵头单位参与教育部职成司"落实立德树人根本任务联合行动"；"活动党史"被广东省委教育工委报送上级部门；入选全国职业院校文化建设优秀案例 50 强；获评全国"优秀易班共建案例"和"优秀易班工作站"；入选创建广东省文明校园先进学校名单。

（撰稿人：陈汝冰）

第二章

一流育人新架构

导 读

本章从人才培养模式、职教类型定位、产教融合机制、高水平专业群、素质赋能培训体系等七个方面来展示我校育人新架构。学校不断强化职教类型定位，针对教育链、人才链与产业链、创新链的"四链融合"，分层分类培养，职业素质赋能，形成了横向融通产业资源支撑优势专业群发展、纵向匹配岗位层次实施分层分类人才培养的育人新特色。学校持续深化人才培养模式改革，形成"1234+X"的"深信"特色人才培养模式，即以"一中心、二服务、三全程、四融合"人才培养模式为主体，融合各专业（群）特色人才培养模式。

为了适应新一代信息技术发展与产业变革，响应国家科技自立自强战略，学校和深圳市微纳集成电路与系统应用研究院（简称微纳研究院）共建芯火产业学院；联合华为技术有限公司共同建设了华为ICT学院、鲲鹏产业学院和华为ICT国际人才交流中心，在深圳打造ICT产业人才的"黄埔军校"。

学校依托世界级信息产业集群，加快发展高水平专业群；关注学生职业生涯发展全周期，依托产业集群和胜任力理论，分类培养、能力本位，打造师资团队新蓝海；课程重构、五育并举，构建教学资源新支撑；思政引领、信息护航，推动课堂教学新革命。学校践行德技并修，建成一流公共课教学赋能新范式，校内建立学生、督导、同行三方内部教学质量评价体系。以学生成长过程为主线，开展多角度第三方人才培养全过程评价，以学生在校体验为核心，推进人才培养质量持续改进。

第一节　促进产教科深度融合，
构建"四链融合"人才培养模式

案例：立足类型教育视阈，构建"四链合一"的"深信"育人模式

一、背景

学校在补强区域信息类本科层次应用人才培养布局和规模上具有独特优势。广东新一代信息技术产业规模约占全国的1/3，居全国前列，但本科层次信息技术应用型人才培养规模亟须扩大。深圳区域内普通高等学校电子信息类学科专业体量小，且偏重学术型人才培养；在全省154所高校中，仅有本校1所信息技术类公办职业院校，人才培养规模最大，全校49个专业中有41个专业与新一代信息技术强相关，布局全面，每年对口输送 5000 余名毕业生。目前迫切需要举办本科层次职业教育，补强人才链的结构、层次与规模，在优势专业领域培养应用型人才，满足深圳信息技术产业高端高质高新发展的紧迫需求。

二、问题

（一）职业教育发展水平与人民群众对优质教育资源的新期待存在差距

当前，我国正在向第二个百年奋斗目标迈进，为更好满足人民日益增长的美好生活需要，需要提供更为优质的职业教育。职业教育的一体化培养体系、职业发展通道"天花板"等均影响着人民群众的认可度。2021 年 8 月 17 日习近平总书记主持召开中央财经委员会第十次会议强调，为人民提高受教育程度、增强发展能力创造更加普惠公平的条件，畅通向上流动通道。这对职业教育提出了更高的要求。

（二）职业教育服务发展的能力与深圳高端高新产业要求存在脱节

深圳产业继续向中高端水平迈进，现代产业体系初步形成。新一代信息技术产业作为支柱产业世界一流，深圳高职战线的人才培养与技术、智力服务不能很好地适应新需求。同时由于 ICT 产业需要不断采用新技术新工艺新规范新设备，人才培养难度大，专科层次的三年学制已经完全不能满足人才创新能力和知识素养培养所需。

（三）职业教育贯通培养与"不同类型同等重要"的定位存在落差

深圳近年来在高职领域成就显著，但与普通高教的鸿沟却呈扩大趋势。从入口看，中职招生持续减少。深圳市 2020 年国民经济和社会发展统计公报显示，2020 年中职学校招生 1.25 万人，比上年减少 9.6%，在校生人数 3.91 万人，比上年减少 0.8%，可能会面临着本地中职生源枯竭的严峻局面。从出口看，高职学生在职业教育系统升学面临"天花板"。每年有数千名专科层次高职毕业生通过"专升本"流入了另一类型的普通教育，一定程度上损失了宝贵的职业教育资源。专科层次高职"下无生源根基、上无发展空间"的发展困境将严重冲击来之不易的"职业教育与普通教育不同类型、同等重要"的重要共识。

三、举措

学校不断强化职教类型定位，针对教育链、人才链与产业链、创新链的"四链融合"，深入研究产业地图与人才地图的精准匹配、学校教育与科技创新的双向赋能、知识谱系与技能谱系的分工协作、专业能力与职业素养的有机融合等重大命题，不断深化人才培养改革，促进专业布局与产业结构精准对接、人才培养与岗位需求精准对接、创新要素与育人资源精准对接、研发强团与产业攻关精准对接，通过"四链"生态打造、分层分类培养、职业素质赋能，形成了横向融通产业资源支撑优势专业群发展、纵向匹配岗位层次实施分层分类人才培养的育人新特色，打造了"四链融合"育人新范式。

一是形成"四链融合"的人才培养生态。首先，紧密对接深圳新一代信息技术产业与国家战略需求，建立了专业发展机制和动态调整机制，围绕人工智能、5G、集成电路、工业软件、信息安全、智能网联、机器人等新兴产业进行专业布局，与华为、腾讯、大疆、中芯国际等头部企业共建优势专业与师资队伍、共研专业标准与前沿技术、共推实习就业与社会服务，建设了软件技术、现代移动通信技术、集成电路技术、智能光电技术等一批国内首屈一指的专业，形成产教深度融合、职业特色鲜明的专业体系。其次，校企共建光电技术世赛中国集训基地、集成电路快封中心、5G全场景全业务职业教育示范性虚拟仿真实训基地、粤港澳大湾区第三代半导体产教融合示范基地等一批一流的产教融合实训基地，有效推动产业资源进学校、先进技术进专业、实战项目进课程、产业教授进课堂，全面促进了产业链、创新链反哺教育链、人才链的发展。

二是实施分层分类人才培养模式改革。面向全体学生，全校实行"标准+特色"的培养策略，全面推行了"一中心、二服务、三全程、四融合+X专业路径"人才培养模式改革，即以学生全面发展、个性成才为中心，服务区域产业发展、服务双区驱动，价值塑造贯穿人才培养全过程、创新能力培养贯穿人才培养全过程、项目实践贯穿人才培养全过程，产教科融合、岗课赛证融合、智能信息技术与教育教学融合、技术技能与文化融合。同时，各专业形成了各具特色的培养路径，如软件技术专业群实施"项目贯穿、精细培养"、信息通信技术专业群实施"华为行业认证、岗课赛证融通"培养、集成电路专业群实施"以岗定标、联产承包"、智能制造专业群实施"场景贯通、协作培养"等。还设立创新创业学院，开展全校双创教育，孵化学生创业企业，培育了千万家的学生企业，在全国"互联网+"创新创业大赛中摘金夺银。面向优秀学生，开展了以头部企业顶级证书和产业前沿技术为抓手的应用特色班培养，开设了华为"鲲鹏班"、腾讯"腾班"、"深信服""安服班"等，把优秀学生培养为头部企业的骨干工程师。目前学校专任教师有 20 人考取华为专家级认证，属全国最多。学生年均获得行企顶级认证人数在全国名列前茅，毕业初次就业月薪超万元。面向卓越学生，搭建平台通道实施高层次培养，目前联合开办了 10 个信息类本科人才培养试点专业，占全校专业数的 20%。另与电子科技大学、华中科技大学、深圳大学等高校开展了专业硕士、博士联合培养。还与电子科技大学共建新型研发机构——深圳市电子信息产业技术研究院，由院士领衔开展科技研发与创新人才培养，让学生在技术研发与成果转化的实践中探索创造，以创新链强化人才链。

三是构建创新素质赋能培育体系。针对职业院校学生文化基础薄弱、创新能力不强、学习能力欠缺、通识教育资源投入不足等共性问题，学校创立了赋能中心，组建了百人教学团队，构建了学生可持续发展素质赋能课程体系，开设了前沿技术科学、数理逻辑训练、传统文化美育、国际文化交流、工匠精神技艺、创新创业实践、体商身心健康、专家讲座 8 大模块、近 200 门课程，夯实了学生终身可持续发展与进入职场所需的知识、素质与能力，着力培养素质高、技术好、创新实践能力强、适应能力强的高层次技术技能人才、能工巧匠、大国工匠，为开展本科层次职业教育打下了坚实的基础。

四、成效

一流条件支撑建设。加快深汕校区筹建，在龙岗校区新建中心实验室大楼、科技成果转化大楼、文化大楼和学生宿舍。构建智慧校园 2.0 版，建设下一代高速校园网、智能化网络设施、数据服务中心和系列资源池，建设 100 间智慧教室。联合企业共建原型产品研制、中小批量试制、重大工艺技术验证等生产性实训中心 3 个、高水平产教融合型实训基地与虚拟仿真中心各 12 个、一流的生产性实训基地 2 个。加强信息化条件下的教学资源建设，持续打造一批高水平本科"金课"与教材。

一流育人新架构建设。实施产教科融合互促人才培养，联合华为、腾讯、大疆等企业协同共建"高等工程师学院"。强示范，做优专业群"领头羊"，在软件工程技术、现代通信工程、集成电路工程技术等 6 个优势专业开展职业本科试点，引领专业群高质量发展；精技术，校企联合开发本科教材与资源，构建基于岗位能力的专业知识体系和基于行业顶级认证的技能体系，共建项目贯穿的实践教学体系和场景化的生产型实训基地；厚素质，夯实数理基础，厚植文化底蕴，锤炼工匠精神，构建学生可持续发展核心素养体系；畅通道，实施中高本贯通培养，优化从入学到就业创业的"全链条"服务，切实增强职业教育适应性。

发展成效显著。学校植根于深圳强大的信息技术产业集群和优渥的创新生态体系，与国家职业教育改革同向同行，善于抢抓国家职业教育发展重大机遇，实现了创新跨越发展。2003 年，国家示范性软件学院获批立项；2007 年，以优异成绩通过教育部人才培养工作水平评估；2010 年，成为国家骨干校建设单位并最终以"优秀"等级通过验收；2011 年，"网络技术专业"国家级教学资源库获批立项，实现广东省零的突破；2014 年，"数字媒体专业群"国家级教学资源库获批立项，资源库数量位居全国同类院校前列；2016 年，首批入选广东省一流高职院校建设计划；2018 年，成为国家现代学徒制试点院校；2019 年，获"全国优质专科高等职业院校"认定，入选国家"双高计划"高水平高职学校（B 档）；在近两届国家级教学成果奖评选中，获得一等奖 1 项、二等奖3项；近3年获国家职业教育教师教学创新团队称号2个。

育人水平国内一流。学校围绕立德树人根本任务，深化产教融合，扎实推进"三教"改革，实施"一中心、二服务、三全程、四融合+X专业路径"人才培养模式改革。学生入学分数连年稳居全省第二，求学满意度达95%以上，学生获得国家职业技能竞赛一等奖16项，年均获得行企顶级认证40项，就业创业领先，迄今已有6万多名毕业生扎根深圳。联合本科院校开展了4年制本科教育，联合培养了一批应用型硕士、博士与博士后，探索了协同育人的专本硕博（后）"全链条"职业技术人才培养，为举办本科层次职业教育、在更高层次上办人民满意的教育奠定了坚实的基础。

（供稿：规划发展处一流校建设办公室）

第二节　巩固职教类型定位，为数字经济培育更多优质人才

案例：推行"1234+X"人才培养模式改革，
培养创新型新一代信息技术技能人才

一、目标

深圳信息职业技术学院落实立德树人根本任务，坚持"三同"办学理念，聚焦"三个起来"战略目标，坚持"四个面向"办学方略；

面向国家重大战略和双区建设需求，与信息技术产业同频共振，联合世界一流企业，持续深化人才培养模式改革，形成了"1234+X"深信特色人才培养模式，打造技术技能人才培养高地，促进教育链、人才链与产业链、创新链有机衔接，为实现育人新架构、教学新支撑，创建世界一流职业学校打下坚实的基础。

国务院先后印发《国家职业教育改革实施方案》《关于推动现代职业教育高质量发展的意见》等文件，明确了深化职业教育改革的重大制度设计和政策举措，对职业教育作为类型教育的战略定位作出明确制度安排，确立了职业教育在整个教育体系中的独特的重要价值。要求职业院校根据自身特点与人才培养需要，优化专业布局，深化办学体制改革和育人机制改革，以促进就业和适应产业发展需求为导向，着力培养高素质技术技能人才。学校坚定落实立德树人根本任务，瞄准建设世界一流职业院校目标，抢抓"双区"建设和综合改革试点，以学生为中心，关注学生成长成才生命周期，努力创新人才培养模式，着力培养高素质技术技能人才，切实增强职业教育适应性。

二、问题

一是人才培养要解决学生可持续发展问题。

适应产业升级和时代发展，更新教育发展理念，结合粤港澳大湾区、珠三角及深圳市产业发展和岗位需求变化，学校大力推进中高衔接、高职本科协同育人试点工作，探讨职业院校学生发展通路。

二是专业课程体系要解决人才培养与岗位契合问题。

产业升级加速、产业结构变化、企业技术迭代、岗位能力变迁，导致课程体系设计与岗位能力标准不匹配、教学内容与岗位能力要求相脱节、教学设计滞后于产业发展等现象，职业教育服务国家战略、融入区域发展、促进产业升级的使命要求职业院校人才培养工作快速响应产业变革实际，全面适应产业发展。

三是技能竞赛要解决岗课赛证融合问题。

深度融合竞赛育人过程，通过校、市、省、国家、世界五级竞赛管理体系，将竞赛内容引入专业建设，嵌入人才培养方案，联结专业技能证书，形成以赛促学的技术技能提升路线，促进学生就业创业。

三、举措

学校持续深化人才培养模式改革，形成"1234+X"的"深信"特色人才培养模式，即以"一中心、二服务、三全程、四融合"人才培养模式为主体，融合各专业（群）特色人才培养模式。一中心：以学生全生命周期发展为中心；二服务：服务产业经济发展，服务学生成长成才；三全程：价值塑造贯穿人才培养全过程、创新能力培养贯穿人才培养全过程、项目实践贯穿人才培养全过程；四融合：产教科融合、岗课证融合、价值塑造与核心能力融合、技术技能与文化素养融合。

图 2-1　"1234+X""深信"特色人才培养模式

（一）推动产教深度融合、贯通技能人才培养体系

持续探索现代职业教育人才培养机制，校企共建华为 ICT 学院鲲鹏中心、"芯火"产业学院等 13 个特色产业学院，校校合作开展协同育人工作，构建了中高本硕"全链条"技术技能人才培养体系，培养岗位技术工匠、岗位技术专家和岗位知识专家，有效发挥人才链对产业链的支撑作用。

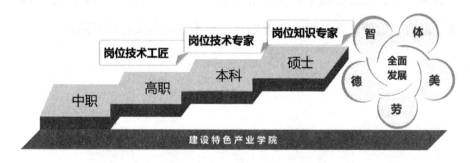

图 2-2　中高本硕"全链条"技术技能人才培养体系

（二）促进校企多方协同、实施分类特色人才培养

一是开展本科协同育人试点，培养高层次创新型技术技能人才。面向"双区"建设高层次创新型技术技能人才需求，学校实施"4+0"、"2+2"协同育人本科和专插本人才培养工作，构筑教育链纵向发展通路，促进人才链与产业链、创新链紧密衔接，助推深圳职业教育高端发展，争创世界一流。

二是开展特色班人才培养，培养卓越型高素质技术技能人才。学校坚持面向人人、因材施教，实施分学段教学，分层分类培养，每个二级学院选择一个专业开设特色班。在符合教育部相关文件要求基础上，鼓励开展创新实践，突出专业人才培养特色，探索卓越型高素质技术技能人才培养模式，打造"深信"特色人才培养名优品牌。

三是开展现代学徒制试点，培养技术工匠型高素质技术技能人才。通过现代学徒制试点，与合作企业共同研制人才培养方案，共同开发专业教学资源，促进课程内容与职业标准对接，及时将新技术、新工艺、新规范纳入教学标准和教学内容，强化学生实践教学，构建现代学徒制培养体系，形成具有学校特色的校企分工合作、协同育人、共同发展的长效机制，培养技术工匠型高素质技术技能人才。

（三）推进专业集群发展，重构"平台+模块"课程体系

依据岗位群对知识、能力和素质的共性要求及特定岗位对知识与能力的专业化要求，开展模块化、项目式等课程改革，联合一流企业构建专业群"五育双平台四模块"课程体系，即体现"德智体美劳"五育，"公共平台和专业群平台"双平台，"专业核心课、集中实践课、专业拓展课和公共拓展课"四模块的专业群课程体系，实现"公共平台基

础共享，群平台支撑共享，专业课程特色独具，拓展课程有效互选"，培养学生职业竞争力和可持续发展能力，提升职业教育适应性。

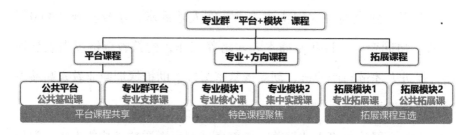

图 2-3　专业群"平台+模块"课程体系

（四）落实课岗深度融通，打造信息特色教学资源

一是建设新形态教材。深化产教融合，推行面向企业真实岗位的任务式培养模式，实施引企入校、引校进企、校企一体等建设项目，校企合作开发活页式、工作手册式、融媒体、立体化教材，及时将新技术、新工艺、新规范纳入教材内容。

二是建设高水平课程。落实立德树人，建设课程思政示范课程，将课程思政改革落实到专业人才培养方案，实现课程思政全覆盖。以学生为中心，利用信息技术优势，推动课程教学方法改革，提高课堂教学质量，建设高水平精品在线开放课程，打造学校特色"金课"。

三是建设场景化实训基地。深化产教科融合，联合世界一流企业面向共同建设高端场景化实训基地，将企业真实生产环境与技术开发引入教学，突出实践育人，建设"理实课程学项目""综合实训练项目"和"岗位实践做项目"，保障项目实践贯穿人才培养全过程，促进核心技能与关键岗位精准对接，提升综合实训效果，提高人才培养质量。

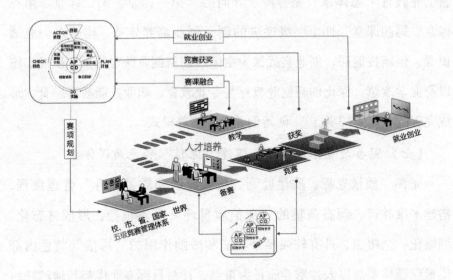

图 2-4 "五级递进"的竞赛管理体系

（五）强化课赛紧密融合，开展"五级递进"竞赛活动

学校秉持"以赛促学，以赛促教"的理念，构建校、市、省、国家、世界五级竞赛管理体系，深入研究竞赛规则、技能要点，将技能竞赛中的新技术、新标准、新规范融入课程标准，推进竞赛集训与实践教学相结合、大赛评价标准和教学考核标准相融合，将竞赛内容引入专业建设，嵌入课程内容体系，实现大赛资源有效转化，形成以赛促学的技术技能提升路线，切实增强教学实效性。

（六）发力专创整合发展，打造双创教育生态体系

以培养高技能高素质创新创业型人才为核心，以课程、师资、平台、政府、企业、社会资本六大要素为支撑，通过政府支持、校企合作、校地合作，构建起产教融合、协同育人的"1核心+6要素"的创

27

新创业教育生态体系。完善需求导向的"第一课堂、第二课堂、第三课堂、第四课堂"四个层级递进的创新创业培养体系,构建以创业通识课、创新技能课、创业实战课为主体的创新创业课程体系。积极实施以赛促学改革,深化创新创业教育与专业教育、职业技能教育融合,形成完善的"3全+3融合"创新创业人才培养模式。

(七)完善质量保证链条,搭建"深信"特色质保体系

完善"质量立标、质量监测、质量控制和质量提升"管理流程,搭建多维并行、动态调整的"深信质量环"基本框架,形成常态化、网络化、全覆盖、具有较强预警功能和激励作用的"深信"特色内部质量保证体系。以人才培养质量为重点,针对目标专业优势与地域特色进行培养目标的制定,通过学校、专业、课程、教师及学生层面(五横)的决策指挥、质量生成、资源建设、支持服务及监督控制(五纵),形成完整的目标链、标准链、实施链、反馈链、保障链、信息链及文化链,有效保证毕业要求的达成。

(八)聚力文化塑造价值,培育学生终身可持续发展素养

学校深入实施文化润校工程,形成了由校领导领衔、"一部两中心"协同推进、各部门参与的校园文化建设工作格局,制定出台《宣传思想文化三年行动计划》,经费等各类保障充分。一是打造一流的文化体育设施。建有符合国际标准的体育馆等文体场所,图书馆24小时开放,建成510平方米红色文化展厅,设置校外文化教育实践基地,成立131个学生社团组织。启用办公自动化(OA)等线上办公软件,打造智慧校园。二是开展丰富的文体活动。开设美育课程,规定每生至少修足2学分。打造校园文体艺术季、校园十大歌手大赛等系列文化活

动。实施"体商素养培育工程"，获评深圳市人文社科重点研究基地与广东省在深圳唯一的省市两级社会体育指导员培训基地。三是形成特色的文化品牌。凝练了"三求三创"校园精神与"有情怀地闯创干"新时代校园精神，培育了"五朵祥云"云思政、红色运动会等特色品牌，"国字号"风雅颂诗经艺术传承基地作为大湾区高校重要的高雅文化原创基地，辐射师生近 200 万人次。

四、成效

学生各类竞赛成绩一流，近五年学生获得全国职业院校技能大赛奖项 28 项（一等奖 9 项）；获得全国数学建模大赛奖项 16 项（一等奖 7 项）；获得全国"挑战杯"大赛奖项 9 项（一等奖 3 项）；获得"互联网+"创新创业大赛奖项 4 项，其中银奖 3 项；获得中国"软件杯"大赛奖项 17 项（一等奖 1 项）。

学生技术技能成绩一流，近五年有 134 位学生获得华为认证 ICT 专家（HCIE）、CCIE（美国 Cisco 公司于 1993 年推出的专家级认证考试）、红帽认证架构师（RHCA）和 OCM（大师认证资质）等高级别职业资格（行业顶级）证书，多名毕业生被华为、腾讯、深圳地铁、中国联通等著名企业录用。

学校育人成效受到社会认可。近三年招生录取分数线位列全省前三，报到率达 93% 以上。学校育人成效受到业界认可，在数据和数字化研究院（GDI 智库）发布的"GDI 高职高专排行 TOP1000 榜（2021）"中排名第 7。

学校育人成效受到企业认可。近三年毕业生就业率和学生雇主满意度始终保持在 98%以上，2020 届学生初次就业平均月薪超过 5200 元、12 万以上高年薪段的比例逐年提高。

"1234+X"人才培养模式应用于全校所有 11 个专业群、49 个专业形成系列制度成果，同时，通过教学创新改革交流协作，将该人才培养模式推广应用到武汉交通职业学院等近 40 所省内外兄弟院校。在国（境）外，学校为国际网络教育学院（IIOE）建设 30 余门优质课程，满足相关国家需求；与新加坡南洋理工大学等院校建立联系，就人才培养模式改革等进行深入交流与推广。

（供稿：教务处）

第三节　创新产教科融合互促机制，组建一流产业学院

案例 1：校企共建芯火特色产业学院，探索混合所有制改革

一、背景

产教融合的升级版是产教科融合，是职业教育面向经济主战场的必然选择，是职业院校提升价值链产业链供应链发展水平发挥更大作用的必然要求。我国有 41 个工业大类、207 个工业中类、666 个工业小类，协同职业教育中高职 779 个专业、中职 367 个专业，加强产教科融合有助于连接科研与职业院校、嫁接成果转化中试车间、对接科学技术发展前沿、承接科研成果转化助力人才培养、衔接科研助力高质量发展。产

教融合的目的是促进职业高等教育高质量发展，有效满足社会发展对技术型人才的内在需求。而在这个过程中，真正把产和教连到一起的，恰恰是学校的科研与技术服务，因此要全力促进产教科的有效融合。

教育部、工业和信息化部发布的《现代产业学院建设指南（试行）》指出，产业学院培养的是适应和引领现代产业发展的高素质应用型、复合型、创新型人才，建设产业学院是高等教育支撑经济高质量发展的必然要求，是推动高校分类发展、特色发展的重要举措。产业学院建设要以立德树人为根本任务，以学生发展为中心，突破对传统路径的依赖，充分发挥产业优势，发挥企业重要教育主体作用，深化产教融合，并从创新人才培养模式、提升专业建设质量、开发校企合作课程、打造实习实训基地、建设高水平教师队伍、搭建产学研服务平台、完善管理体制机制这七方面提出了具体的建设任务。深圳信息职业技术学院（以下简称"深信院"）大力推动高校探索现代产业学院建设模式，建强优势特色专业，完善人才培养协同机制，努力造就大批信息产业需要的高素质应用型、复合型、创新型人才，为提高数字经济产业竞争力和汇聚发展新动能提供人才支持和智力支撑。

二、问题

国家相关部门先后发出了关于深化产教融合的若干意见和有关产教融合建设试点实施方案，特别强调产教融合对于专业教育和职业高等教育的无比重要性。但事实上产教融合的过程却面临困境。一方面，有的企业急功近利的倾向比较明显，对产教融合不是十分积极；另一方面，有的学校自身能力不够，学校老师从事的专业，人才培养方案、课程体系等方面都还没有形成一套产教融合的教学体系。

三、思路

那么如何通过科研与技术服务能力来提高产教科有效融合的水平呢？一方面，科研与技术服务要紧扣学校办学实际，根据专业发展的走向来进行，这样才能反哺教学，从而形成实用型教材。另一方面，通过校企双方的科研与技术服务，共同构建教学平台，在校企融通的基础上实现真正的一体。只有全力推进职业高等学校的科研与技术服务工作，校企之间在人力资源、平台资源方面才能够实现比较好的资源共享，从而实现人才培养供需之间的匹配。要鼓励老师将科研与技术服务的成果反馈到课程和教材体系当中，从而实现专业赋能、课程赋能和教材赋能。老师对产业技术发展的走向熟悉了，对头部企业的技术发展方向、对中小微企业的技术研发需求明白了，他的技术技能、教学质量就提升了。

学校建设产业学院的思路是，要实施产教科融合互促人才培养。学校层面建好多类型的职业教育集团和产教融合联盟体，学院层面联合华为、腾讯、大疆等企业协同共建高水平产业学院与"高等工程师学院"。要建强示范专业，做优专业群"领头羊"，在软件工程技术、现代通信工程、集成电路工程技术等优势专业开展职业本科试点，引领专业群高质量发展；要培优高精技能，校企联合开发本科教材与资源，构建基于岗位能力的专业知识体系和基于行业顶级认证的技能体系，共建项目贯穿的实践教学体系和场景化的生产型实训基地；要提升全人素质，夯实数理基础，厚植文化底蕴，锤炼工匠精神，构建学生可持续发展核心素养体系；要畅通渠道，优化职教高考，招收更多中职毕业生，实施中高本贯通培养，强化就业创业服务，为大湾区数字经济发展切实提供人才与技术技能支撑。

在此背景下，学校与深圳市微纳集成电路与系统应用研究院（简称微纳研究院）共建芯火产业学院，并由微纳研究院成立实体公司（简称芯火服务公司），深度试点混合所有制的产教融合模式，更好地支撑国家战略及深圳、珠三角地区的产业发展，建成国内领先的职教领域特色产业学院。

四、举措

（一）试点理事会指导下的混合运营模式

学校、微纳研究院及国家级专家共同组建理事会；芯火服务公司由微纳研究院派执行董事及法人，学校派业务高管，共同组建运营管理团队。管理团队在芯火产业学院理事会指导下开展运营及服务工作（如图 2-5 所示），兼顾产业学院社会效益和企业经济效益的目标。

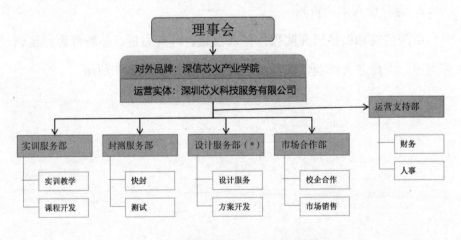

图 2-5 理事会指导下的混合运营模式

（二）试点基于共建共享的混合投入模式

1. 混合教育及产业资源

校企双方共同投入优势资源，支撑芯火产业学院成为校企合作的桥梁：学校提供教育相关资源，微纳研究院提供产业资源等（如图 2-6 所示）。

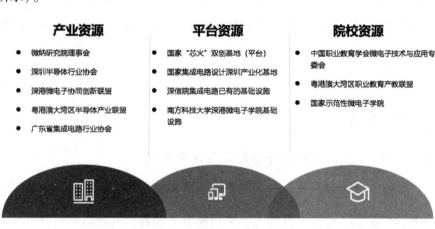

图 2-6　混合教育及产业资源

2. 混合投入生产资料

由深信院和微纳研究院投入基础设施、师资力量、品牌资源、运营能力等，支撑芯火产业学院开展运营及服务，如图 2-7 所示。

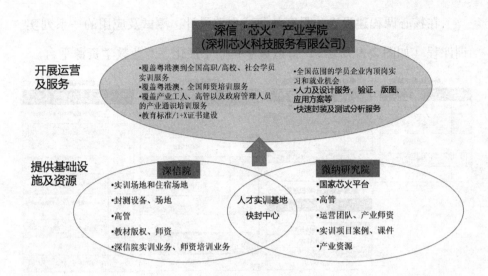

图 2-7　混合投入生产资料

（三）试点人才实训与技术服务的混合运营业务

在人才实训方面，"芯火"产业学院提供项目实训、师资培训、证书认证、就业服务四大板块服务，如图 2-8 所示。

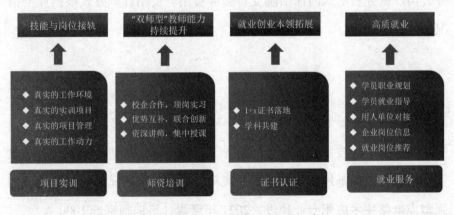

图 2-8　人才实训方案

在核心课程建设上，贯穿从集成电路设计、测试及应用的一系列实训课程（如图2-9所示），打造数字化、个性化、专业教学资源平台。

集成电路设计-数字验证

序号	课程模块
1	数字IC验证基础
2	数字验证项目实操
3	IP项目实践
4	职业规划
5	课程考核

集成电路设计-数字后端

序号	课程模块
1	数字IC验证基础
2	数字验证项目实操
3	IP项目实践
4	职业规划
5	课程考核

集成电路设计-模拟版图

序号	课程模块
1	版图设计基础
2	数字版图原理
3	版图匹配基础
4	考核及职业规划
5	版图设计项目实操

集成电路测试

序号	课程模块
1	IC行业基础介绍
	芯片设计基本流程
2	测试开发流程
3	芯片测试专业知识
4	测试硬件介绍与使用
5	工艺基础知识
6	DFT基础知识
7	封装基础知识
8	测试项目实操

物联网应用

序号	课程模块
1	物联网设备终端开发-STM32
2	物联网设备各终端开发-Arduino开发教程
3	阿里云物联网操作系统Aios Things应用开发
4	NB-IoT应用开发/LoRa应用开发
5	阿里云物联网平台Link Platform应用开发
6	嵌入式平台人工智能应用开发
7	硬件设计
8	行业应用案例—智能家居系统开发

图2-9 培训课程建设

（四）试点合作共赢的混合利益分配

学校委托芯火服务公司开展运营服务，首期合作3年，期间芯火服务公司以服务费形式向深信院支付服务费用。费用计算方式根据业务情况进行合同细化。

五、成效

（一）打造国家级微电子技术"双师"培训基地

在中国职业技术教育学会的指导下，产业学院打造了国家级的微电子技术师资培训基地，面向全国开展师资培训，助推兄弟院校开设或加强集成电路技术应用专业建设。2021年度累计培训师资近1000人次。

（二）培育集成电路产业急需多层次人才

学校与其他特色本科院校开展"2+2"联合办学，培养一批应用型本科学历的集成电路基础人才，年输出毕业生达300人。设立研究生工作站，联合国内院校开展研究生层次人才的培养。完善博士后创新实践基地，推动博士后开展高层次研究。培育了一批包含专科、本科、硕士、博士和博士后的多层次人才，更好地服务地方经济和集成电路产业。

（撰稿人：李世国、丘聪、李春霞）

案例2：建设鲲鹏产业学院，建立自主可控人才培养体系

一、背景

鲲鹏技术体系是由华为主导开发的自主可控信息技术产业，是基于鲲鹏处理器而构建的全栈 IT 基础设施、行业应用及服务，包括个人计算机（PC）、服务器、存储、操作系统、中间件、虚拟化、数据库、云服务、行业应用等一系列软硬件生态体系。鲲鹏计算技术满足高性能、低功耗、低时延的绿色计算要求，有巨大的市场空间，同时又有华为、中国电子技术标准化研究院等行业翘楚支持，发展鲲鹏计算产业已经具备了技术和商业基础。在全球鲲鹏计算厂商的共同努力下，鲲鹏技术体系已经构筑了相对完整的基础软件生态，在政务等重点行业的生态也初步成形。业界主流的 Linux 操作系统、虚拟化软件、数据库、中间件等基础软件均全面支持鲲鹏处理器；在政府、金融、电信和互联网等行业的主要场景已经规模化商用。

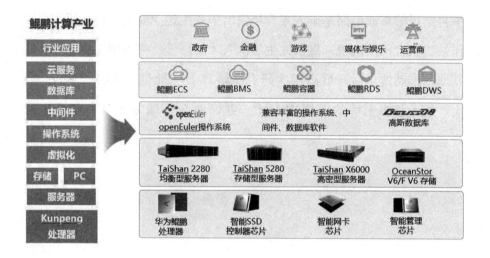

图 2-10　鲲鹏技术体系

二、做法

为了适应新一代信息技术的发展与产业变革，响应国家科技自立自强战略，深圳信息职业技术学院联合华为技术有限公司共同建设了华为 ICT 学院、鲲鹏产业学院和华为 ICT 国际人才交流中心，在深圳打造 ICT 产业人才的"黄埔军校"。通过三方共同建设与运营，深入探索产教融合新机制，在专业建设、人才培养、卓越双师、课程体系与资源、实训环境、社会服务等方面开展深入合作，旨在为国产自主 ICT 产业培养高素质技术技能人才，加快国产自主可控 ICT 技术体系的创新发展，促进鲲鹏生态圈早日形成。

随着鲲鹏计算产业向纵深发展，将逐步实现全行业、全场景的应用覆盖，基于鲲鹏处理器的算力将会为政府、运营商、金融、互联网、能源、交通、教育、医疗等各个行业带来产业变革的新机遇。鲲鹏产业生态的发展壮大离不开广大鲲鹏应用开发者和工程师，华为广东区业务总

图 2-11　深圳信息职业技术学院鲲鹏产业学院揭牌

裁陈斌认为今后五年，鲲鹏生态系统广东人才缺口将达到 1 万人，需要大量理工科高校、职业院校的相关技术人才。目前各地高校特别是高职院校在积极申办鲲鹏产业学院，但华为公司在鲲鹏产业学院的建设过程中更多地扮演技术指导与推广的角色，并未针对鲲鹏产业学院开发出适用于高职教育的完整人才培养方案与课程标准，需要承办鲲鹏产业学院的院校自行开发出适合本校办学情况的课程与教学内容。深圳信息职业技术学院作为广东省第一家开办鲲鹏产业学院的高等职业院校，承担起了开发鲲鹏相关课程体系与课程标准的工作。

三、成效

深圳信息职业技术学院以华为鲲鹏产业学院为基础，于2021级开始依托现代通信技术专业招收鲲鹏特色班，培养掌握国产自主信息技术的世界一流技术人才。鲲鹏特色班大力支持学生考取有行业影响力的高等级证书，以所有毕业生获得华为HCIE顶级认证证书并实现高层次就业为建设目标，树立高等职业院校毕业生考取顶级行业证书并实现高质量就业的标杆。通过鲲鹏专业课程植入、企业实习/实践、师资培养、职业认证等方式，建立起鲲鹏课程体系、人才培养体系和人才认证体系。鲲鹏产业学院与鲲鹏产业加强合作，先行先试、率先介入鲲鹏生态，主要培养基于鲲鹏云平台的软件适配、迁移和开发人才，为数字经济发展和信息产业自主化提供强有力的人才支撑。

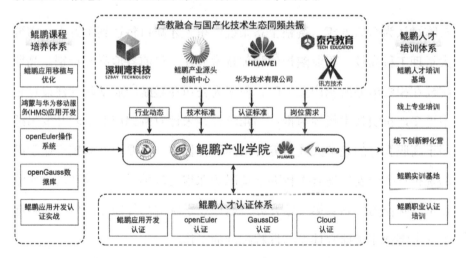

图2-12　基于鲲鹏产业学院的产教融合人才培养模式

在2021年上半年，我校教师先后到华为、英飞拓、软通动力等企业调研鲲鹏计算产业行业需求情况，从企业获得了多份岗位需求报告。基于此开发了鲲鹏特色班的人才培养方案与实施方案，为鲲鹏特色班制定了竞争进入与退出机制，激发学生的学习动力，鼓励并支持特色班学生考取有行业影响力的高等级证书，并且制定了所有毕业生获得华为HCIE顶级认证证书并实现月薪1万元的高薪就业的特色班建设目标，力求树立高等职业院校毕业生考取顶级行业证书并实现高质量就业的标杆。目前，第一届鲲鹏特色班学生已经入学并开始了学习，他们未来将成为我国自主信息产业的开拓者与主力军。

图 2-13　华为鲲鹏精英班启动仪式

（撰稿人：陈熠、邹海鑫、陈涵瀛）

第四节　依托世界级信息产业集群，
加快发展高水平专业群

案例：与深圳新兴产业同频共振，夯实"深信"特色专业群发展内涵

一、背景

专业群建设是"双高计划"建设的重要内容，是深化职业教育改革和促进职业教育高质量发展的重要抓手。学校紧密对接深圳新一代信息技术产业与国家战略需求，围绕人工智能、5G、集成电路、工业软件、信息安全、智能网联、机器人等新兴产业进行专业布局，建立专业的发展机制和动态调整机制，持续优化建设 11 个高水平专业群，聚力打造国家级、省级、校级三级信息特色突出、可持续发展的高水平专业群建设体系。通过与深圳新兴产业同频共振，建设"深信"特色专业群，为党育人、为国育才，全面提高人才培养质量，稳步提升服务粤港澳大湾区和中国特色社会主义先行示范区经济社会发展的能力。

发展壮大战略性新兴产业的国家战略，要求增强信息技术教育的高水平供给能力。信息产业是我国七大战略性新兴产业之一，新一代信息技术则是"中国制造 2025"的关键领域。国家"十四五"规划提出，要深入实施制造强国战略，把新一代信息技术等战略性新兴产业增加值占 GDP 的比重由 15%提高到 17%，推动战略性新兴产业融合化、集群化、生态化发展，预计到2025年将实现10万亿元增加值，为信息技术类职业院校发展提供了更为广阔的发展空间。

目前广东电子信息产业集群已达万亿级规模，居全国首位。深圳着力构建具有世界竞争力的全球电子信息产业集群，信息技术产业是最大的支柱产业。2020年，深圳信息技术产业增加值4893.45亿元，约占全国的1/7。深圳"十四五"规划提出构建高端高质高新的现代产业体系，推进产业基础高级化和产业链现代化，建立世界级新一代信息技术产业发展高地，重点发展集成电路、5G、人工智能、新型显示、智能制造装备等领域，深化物联网发展应用，前瞻布局柔性电子、量子信息等前沿高端领域。新一代信息技术产业走向高端的过程中，出现了较大的高层次人才缺口，对专业群的布局和内涵建设提出了更高的要求。

二、问题

党的十九届五中全会对职业教育提出了新的改革发展任务，即增强职业教育适应性。要促进职业教育与经济社会发展、产业转型升级相匹配，实现职业教育与经济社会的良性互动、协调发展。目前，我校办学发展在人才培养供给侧和产业需求侧，在体系结构和质量水平上尚未完全适应。因此，如何以特色专业群建设为"小切口"促进人才链与产业链、创新链的精准对接，是我校增强职业教育适应性面临的重要课题。随着《国家职业教育改革实施方案》《关于实施中国特色高水平高职学校和专业建设计划的意见》《教育部 广东省人民政府关于推进深圳职业教育高端发展 争创世界一流的实施意见》《本科层次职业教育专业设置管理办法（试行）》等一系列文件出台，职业教育迎来了重大发展机遇。作为具有优质办学条件的高职院校，面对粤港澳大湾区产业快速升级的现状，学校始终与党的教育方针同心同向，与特区改革开放事业同呼吸共命运，与信息技术发展同频共振；植根于深圳强大的ICT产业集群和优渥的创新生态体系，充分利用"双区"建设的有利区位，紧密对接战略性新兴产业规划，瞄准区域产业新职业、服务产业发展新业态；培养具有家国情怀、国际视野、信息素养、文化底蕴、专业技能、创新实践、健康身心和工匠精神的"双好"（素质好、技术好）"双强"（实践能力强、适应能力强）大国工匠。为区域产业的高质量发展、为"双区"建设提供人才、智力和技能支撑。

（一）服务产业能力略显不足，有待双向全面提升

《教育部财政部关于实施中国特色高水平高职学校和专业建设计划的意见》指出，高水平专业群建设要面向区域或行业重点产业。目前，专业群建设虽然能够实现契合产业发展，但服务产业发展的能力略显不足。专业群教师服务企业能力不足，在服务企业技术研发、产品开发、成果转化、培训服务等方面尚待发挥高水平师资队伍的优势，专业群"服务产业"的能力有待提升。

（二）产教融合深度尚不到位，期盼校企共同发展

在专业群建设背景下，产教融合强调的是专业群与产业集群的协同发展与融合。《国务院办公厅关于深化产教融合的若干意见》指出，产教融合要贯穿职业院校整个教育全过程。所以，产教融合不仅仅是产学合作，而是要融合发展实现共赢。目前专业群正处在建设过程中，能够契合产业及区域经济社会发展进行合理布局并适时优化，能够邀请行业企业专家参与人才培养与专业群建设，共同开发课程、教材及其他教学

资源等，但是专业群"产教融合"在广度、深度等方面仍然实现不到位，未真正与实现共同发展互相嵌入。

三、举措

（一）努力构建"七高"专业群建设模式

学校紧密对接深圳七大战略性新兴产业，契合产业发展趋势，对专业进行升级改造，打造高水平专业群，优化专业设置，促进专业可持续发展，提升专业人才培养与区域经济社会发展匹配度。对专业群进行升级改造，凸显专业（群）信息特色，满足新经济、新技术、新业态、新职业对人才的需求，提升人才培养与经济社会发展的匹配度。各专业群根据领军企业的新技术动态和岗位变迁动态优化专业群结构，培养学生职业竞争力和可持续发展能力，提升职业教育适应性。

学校关注学生职业生涯发展全周期，依托产业集群和根据胜任力理论，实施基于能力本位的"一中心、双主体、三融合"和"高站位立德树人、高端化对接产业、高标准重构课程、高层次共享资源、高起点建设团队、高精准质量诊改、高水平内部治理"深信"七高"专业群建设模式，全面践行"三教"改革，提升了专业群与产业链对接的契合度，极大程度上解决了学生职业胜任力和可持续发展问题。

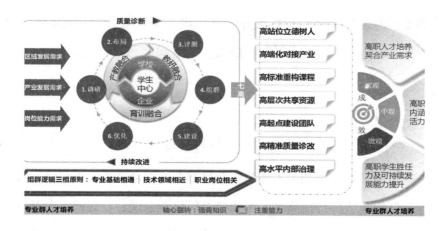

图 2-14　专业群人才培养

（二）课程重构，五育并举，构建教学资源新支撑

1. 重构课程体系

开展模块化、项目式等课程改革，坚持工作、技术、创新三驱动，携手华为、腾讯等头部企业，筹建高等工程师学院，重构专业群"五育双平台四模块"课程体系，开设特色班实施分层分类人才培养，打造深信特色人才培养名优品牌。促进专业群人才"德智体美劳"五育全面发展和"基础能力、综合能力、专业能力、核心能力、创新能力"五级能力递进提高，使专业群课程体系及课程设置与产业及经济社会发展急需的人才的职业标准精准对接。

2. 改革专业课程

加强群内专业课程改革工作，实施专业课程思政和线上线下混合等课程实施方式改革，开展专业课程模块化、项目化等课程结构改革。突出实践育人，建设"综合实训项目""岗位实践项目"等系列实践教学项目，将企业真实的生产环境和技术引进专业群教学，提升实践教学效果。鼓励群内专业与行业主流技术企业合作开发高端证书，积极开展"1+X"证书制度试点。

3. 建设精品教材

重视教材改革，并以此为重要切入点，推进职业教育教学质量的提升。开展专业群精品教材建设，以产业学院建设为载体，持续推进校企精准合作常态化，引导企业深度参与学校课程及教材开发。通过实施引企入校、引校进企、校企一体等建设项目，培育校企合作开发活页式、工作手册式、数字化、融媒体、立体化教材，打造一批"十四五"国家规划教材。

（三）思政引领，信息护航，推动课堂教学新革命

1. 加强课程思政建设

彰显立德树人的根本价值理念，高度重视专业群课程思政建设，在发挥思政课主渠道功能的同时，深入挖掘专业群课程的育人理念和思政元素，将思想政治教育融入专业群课程课堂教学，以润物无声的育人效果让学生将"劳动光荣、技能宝贵、创造伟大"等理念入脑入心，通过学习丰富学识、塑造品格，切实将价值引领与知识传授、技能培养有机贯穿于教育教学全过程。

2. 深化信息化教学改革

持续开展专业群改造工程，对于信息类专业群突出"AI+"特色，对于非信息类专业群实施"AI+"改造。深化信息化教学改革，突出信息技术特色，聚焦专业群人才培养的核心要素和关键环节，立足当前，着眼长远，以现代信息技术推动专业群人才培养模式改革。开展专业群教师进阶性教育信息化培训，提升教师在信息化条件下的教学能力。通

过专业群信息化教学改革，促进专业群教师教学模式、学生学习模式和整体教学环境的提升与变革，提高专业群教学质量，凝练专业群教改特色，培育专业群教学成果，树立专业群教学改革标杆。

3. 强化项目化教学改革

强化项目化教学改革，全面贯彻党的教育方针，开展课堂革命。坚持"两性一度"的"金课"建设理念，打造"金课"，淘汰"水课"。组织开展专业群分工协作模块化教学改革和项目式学习（PBL）课程改革等专项教学改革研究，为专业群教法改革提供高水平理论支撑。积极组织专业群教师运用数字化教学资源开展混合式教学，创新教学方式方法，提高课堂实效。

（四）优化管理制度，提升综合治理水平

学校持续加强专业群管理制度建设，完善专业群建设管理制度体系，推动院校内部治理体系改革，形成特色高水平专业群组建、运行、管理与保障的长效机制，取得《深圳信息职业技术学院专业群建设工作方案》等系列制度成果。通过充分调研和有效论证，科学规划特色高水平专业群，贯彻服务区域经济社会发展、满足产业集群发展及转型升级需要的理念，设定完善的专业准入与预警退出管理机制。强化教学过程管理，改革专业群教学运行管理模式，规范专业群教学基本运行，推进专业群相关标准建设，完善专业群教学评价标准与流程。采取"校外大师、工匠请进来，校内专家、教师走出去"的双向共赢合作办法，建设一支满足新时期高素质技术技能人才培养需求的专兼结合的"双师"型专业群教师团队。结合自评与第三方评价，听取行企和学生家长等利益相关方意见建议，构建主体多元、多方协同、内容多维的专业群建设质量评价体系。

（五）分类培养，能力本位，打造专业师资新蓝海

建设专兼结合"双师"团队。加强专兼结合"双师"团队建设，建立专业群"双师"团队培养机制。逐步完善校内"双师型"教师认定标准和办法，将教学能力和专业技能等标准纳入专业群教师考核评价体系，确保其同时具备理论教学和实践教学能力。加大专业群对行业、企业技术技能大师等兼职教师的聘请力度，专业群与合作企业共建技能大师工作室与科研大师工作室，着力建设一支能够切实让学生受益、和产业紧密衔接、可以解决生产技术难题的专业群"双师"团队。

四、成效

（一）凝练了一流高水准特色专业发展成果

学校持续深化教育教学改革，更新教育教学观念，创新人才培养模式，改革教学方法和手段，总结凝练形成教学成果，提升人才培养质量。学校所有专业都已通过省级专业认证，包括 2 个国家级高水平专业群、8 个省级高水平专业群、2 个省级一类品牌专业和 3 个省级二类品牌专业。人工智能技术与应用和集成电路技术等 2 个教师教学创新团队入选国家级职业教育教师教学创新团队，微电子技术专业教学团队等 2 个教学团队认定为省级优秀教学团队。

自 2019 年以来，学校获批 30 项省级教育教学改革研究与实践项目，荣获 10 项省级教学成果奖，其中一等奖 5 项、二等奖 5 项。"创新强校"工程取得突破，年度考核斩获佳绩。考核排名由 2020 年的全省第 6 名于 2021 年提升至全省第 3 名。精益求精不断完善"广东省一流

职业院校"终期验收。同时，将"双高"建设工作纳入学校绩效考核工作，完善"双高"绩效2021年度考核工作，充分体现二级学院的事业发展主体地位与"专业群"的建设重心地位。

（二）建设了一流高层次教学共享资源

学校顺利通过教育部第三批现代学徒制试点验收，25部教材入选国家职业教育"十三五"规划教材，4个教材建设项目获工业和信息化部"十四五"规划教材立项，2部教材获评全国首届优秀教材二等奖，14门省级精品资源共享课及8门省级精品在线开放课程通过验收。

（三）培养了一流高素质技术技能人才

学校在"政校行企协同"育人机制和平台建设、"岗课赛证融合"课程体系开发及产业匠师培养等方面进行了系列实践，取得卓越成效，培养了一批一流高素质技术技能人才。ICT专业群毕业生高级职业资格证获取率在90%以上，超600名学生获得HCIP高级工程师认证（全国第一），近五年学生获得全国职业院校技能大赛奖项27项，其中一等奖9项。

（四）形成了专业发展的良好示范效应

学校专业群建设模式推广应用到浙江金融职业学院、汕尾职业技术学院、西双版纳职业技术学院、哈尔滨科技职业学院等30多所省内外兄弟院校，受益者达20万人以上。学校还与西双版纳职业技术学院联合搭建"深圳信息-西双版纳国际留学生基地"，受训学员为来自老挝、泰国、缅甸的65名留学生，扩大了学校专业群建设模式的国际影响，打造了国际留学生"新技术"工匠培养的新模式。

学校与新加坡南洋理工大学、芬兰于韦斯屈莱应用科技大学等院校单位建立业务联系，就专业群建设模式、技术工匠培养体系等方面进行深入交流与推广。2020 年，学校采取措施激励教师依托深圳市信息技术产业优势，输出具有"深信"特色的产品和服务，帮助发展中国家教师提升 ICT 能力和线上线下混合式教学能力，已为 IIOE（International Institute of Online Education）建设 30 门优质国际网络课程资源，满足了相关国家对优质教育资源的渴求。

第五节　践行德技并修，探索素质赋能培育体系

案例：开展素质赋能改革，有效支撑全校公共课教学

一、简介

为推进学校"双高"建设，争创中国特色、世界一流职校，学校遵循"三同"办学理念，坚持"四个面向"办学方略，依托公共课教学部建立素质赋能中心进行公共课教学赋能改革，通过构建跨学科公共基础及素质课程体系，全面赋能专业人才培养，逐步建设为承担"基于信息、数理、文化、美育、工匠、社科等全方位素质赋能全周期育人"重要任务的赋能部门。

素质赋能中心自成立以来，坚定中国特色社会主义办学方向，落实立德树人根本任务，始终以国家所向、产业所需、"深信"所能为导向，坚持以学生为中心，对标世界一流学校构建"深信"特色素质赋

能公共课课程体系，通过对组织构架创新、课程体系模块化重构、精品课程资源建设、赋能基地个性化创建、素质教育品牌活动打造等方面进行赋能改革，持续性打造面向未来的公共素质赋能教育教学新范式。

二、背景

贯彻落实《国家职业教育改革实施方案》《广东省教育发展"十四五"规划》《深圳信息职业技术学院一流育人新架构建设工作方案》等文件精神，践行全生命周期育人理念，弘扬"厚德至诚、匠心至臻、自强致远、器成制胜"工匠精神，培养具有家国情怀、国际视野、信息素养、文化底蕴、专业技能、创新实践、健康身心和工匠精神的"两好"（素质好、技术好）、"两强"（实践能力强、适应能力强）大国工匠。公共课教学部（素质赋能中心）重构组织构架，创设信息、数理、文化、美育、工匠、社科六大赋能点，以实现教师发展、校企合作、校校合作、社会服务和国际交流五方面全面赋能。

素质赋能中心以六大赋能点为抓手打造包括赋能基础课和赋能拓展课的素质赋能课程体系，通过课程、实践、社团、书院、论坛等多种方式实现多维赋能。与此同时，基于赋能点重构赋能组织构架，素质赋能中心由"3室2办"改设为"5室2办"，包括数学教研室、语言文化教研室、跨学科拓展教研室、艺术美育教研室、信息技术教研室、党政办和教务办。人员包含公共课教学部专任教师35人、素质赋能中心转岗教师228人，承担全校数学、语文、信息技术、美育、公共拓展课的大部分公共课教学任务。通过有效发挥"6+5"举措功能，采取矩阵式管理构架，对赋能课程体系进行重构，持续推动"必修+自选+六课堂模式"的公共课教学体系改革，引入基于学习产出的教育模式（OBE）课程标准，从而打造一批精品课程与立体化教材，以实现全周期育人的全方位赋能。（见图2-15）

图 2-15　素质赋能课程体系架构

三、问题

赋能核心立德树人的实现，需要优质资源支持。基于素质赋能中心设立契合湾区产业需求的大国工匠目标，结合素质赋能中心的背景、现状、特色和发展，赋能改革支撑全校公共课教学的关键是如何重构公共课教学体系，开发精品课程资源。具体需解决的问题如下。

问题1：如何构建赋能团队，有效支撑公共课教学赋能实现？

问题2：如何搭建赋能基础课与拓展课程架构，建设高水平素质赋能体系？

问题3：如何彰显赋能特色，开发公共课精品课程资源？

问题4：如何建设公共课教学实践基地，打造"深信六课堂"，弹性对接专科、本科和社会培训的教学需求？

问题5：如何设计系列素质赋能特色活动，彰显赋能成效？

四、举措

（一）分类特色培育，构建高素质教师团队

百年大计，教育为本。教师是立教之本、兴教之源，承担着办好人民满意教育的重任。为做好素质赋能工作，素质赋能中心不断加强赋能教师团队建设，按照赋能方向分为数学团队、人文团队、美育团队、信息技术团队、素质拓展团队5个教师教学创新团队，团队分工协作。在搭建团队核心赋能课程的同时，跨学科协助开展研究、教学、科研及改革工作，每年定期开展分类培训，进而打造出一支优势互补、协同互助、跨学科的高素质团队，实现高标准素质赋能。

（二）课程体系重构，助推高水平赋能体系

为体现"厚通识、提素质、活模块、强赋能"素质赋能特征，赋能中心根据六大赋能点，对赋能基础课程和赋能拓展课程进行模块化改革。

第一，针对赋能基础课程，以服务专业课为导向，对现有课程进行优化和标准化，推行项目化、模块化、积木化课程改革。以数学课程为例，分类构建一元微分、线性代数、统计基础、信息数学、MATLAB科学计算等模块，统一标准建设课程资源，院部可根据专业培养目标选择模块进行组课，根据专业选择，数学教研室结合专业特点建立教学案例，项目化推进课程教学。

第二，针对赋能公共课，拓展课程体系进行模块化、积木化、个性

化重构。设置"信息技术与科学""数理逻辑与训练""语言文化与交流""艺术鉴赏与美育""创新创业与工匠"和"社科综合与体商"六大模块，分别对应素质赋能中心六大赋能点。在此基础上，细分二级模块，打造赋能核心课程和赋能选修课程，搭建积木式赋能课程结构，实现课程赋能的精准定位。以"创新创业与工匠"模块为例，下设工匠精神与劳动实践、创业就业指导、企业文化与项目管理、跨界思维及工程训练、创意设计与发明制作五个子模块，拟设工匠精神与特色实践、人工智能与生态文明、创新精神与创新思维等课程为赋能核心课程，其余课程为赋能选修课程，通过积木式课程结构设计，实现课程的精准赋能。（见图2-16）

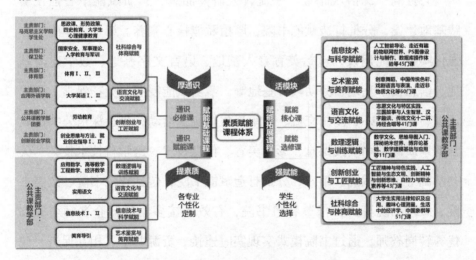

图2-16　素质赋能课程体系架构图

（三）信息赋能工匠之魂，打造高水平课程资源

高水平课程资源是建设"双高计划"的基本载体和关键抓手，也是推动高水平职业院校建设的内生动力。素质赋能中心依托信息化技

术，以工匠精神为内涵，实施 OBE 课程标准，对接国际一流院校，开发一批高水平课程资源。目前，公共课教学部专任教师已 100%实现线上线下混合式教学，并将继续加快推进转岗教师的线上线下混合课程建设，提升整体公共课课程水平。未来，素质赋能中心将以混合式课程为基础，融入敬业、精益、专注、创新的大国工匠精神，打造一批培育数学素养、人文素养、美育素养、信息素养、工匠素养、跨界素养的精品课程和活页式立体化教材，建设多维度的示范课程，构建赋能中心高水平课程群。

（四）强化基地建设，厚植赋能核心素养

为打响"深信六课堂"一流育人研究品牌，素质赋能中心强化实践基地建设，分批打造赋能书院，厚植赋能核心素养。第一，赋能中心强化实践基地建设，包括美育育人基地、语言文字基地、数学建模基地、信息技术基地、劳动教育基地等，落实赋能浸润、竞赛促学、田野调查、展演承办、沙龙交流、论坛聚焦等实践活动，打造深信公共课教学的素质课堂和实践课堂，彰显美育、信息技术、跨学科技术技艺、公共基础等多维赋能。第二，分批打造赋能书院，包括致臻书院、致美书院、致理书院等"深信"特色书院，有效衔接多学科行企名师名家和优秀转岗教师，通过书院模式实现实时连接、资源共享、相互促进，建立师生互动、生生互动、校企联合深度参与的"以学习者为中心"的学习模式，打造"深信"公共课教育的书院（社区）课堂、网络课堂和国际课堂。

（五）打造素质赋能活动品牌，彰显赋能成效

为彰显公共课教学赋能成效，素质赋能中心分批打造系列素质赋能

活动，落实全生命周期育人的使命。目前，已依托数学课程开展数学建模竞赛，依托美育课程开展系列美育展演，依托语文课程开展"推普"活动等，都取得了卓越成效（见图2-17）。未来，素质赋能中心将启动信息技术、跨学科拓展、社科体商等系列竞赛、展演、沙龙活动的实践探索，持续性打造系列素质赋能活动品牌，服务学生成长成才。

图2-17 素质赋能中心竞赛获奖证书

五、成效

（一）建成一流公共课教学赋能新范式

素质赋能中心助力学校"双高建设"，打造一流育人公共课教学赋能新范式。利用公共课"高素质"育人功能，通过对公共课教学体系重构、转型、升级、赋能实践的方式，以六大赋能点为核心，内涵为精品课程教学与资源建设，外延为展演、竞赛、沙龙、田野调查等第二课堂，对接专业、企业、行业、社区服务，建成全生命周期育人的公共课教学赋能新范式。

（二）实施公共课教学赋能的"五个一工程"

素质赋能中心将素质赋能落到实处，目前正在全力推进赋能改革"五个一工程"：着力出版一套职业院校素质教育优秀教材、建设一批职业院校素质教育精品课程、培育一批职业院校素质教育名师、策划一系列职业院校素质教育品牌活动、开发一系列职业院校素质教育网络资源。通过"五个一工程"，推动高职教育跨越式发展。

图 2-18　赋能改革"五个一工程"

（三）培育新时代下"两好""两强"职业人才

通过赋能改革公共课教学，培育新时代下"两好"（素质好、技术好）、"两强"（实践能力强、适应能力强）职业人才。职业匠人需要具备精益求精的严谨精神、一丝不苟的制造精神、开拓进取的创新精神、知行合一的实践精神、用户至上的服务精神、团结协作的团队精神和爱岗敬业的奉献精神，而素质赋能中心的六大赋能点以此为宗旨，目标就是培育出能站稳生产、建设、管理、服务第一线的职业人才。

六、经验

（一）赋能改革要紧随职业教育发展趋势

加快构建中国特色现代职业教育制度体系，给职业教育增值赋能是当前职业教育的紧迫任务。公共课教学改革要以标准化建设为引领，以提质培优、增值赋能为主线，用优质课堂教学、精品课程资源、赋能实践基地、素质品牌活动来推动职业教育全面振兴。素质赋能中心全体教师要紧跟国家政策导向，积极学习新政策、新思想、新技术，不断推进"三教"改革，提高教学能力，在教学中落实立德树人的根本任务，培养学生成为德才兼备、全面发展的高素质技术技能人才。

（二）赋能改革要敢于开拓创新

打破传统公共课教学模式，结合信息技术，一流育人理念，创新全生命周期育人等育人新方法、新思路开展赋能改革。信息技术在不断发展，公共课教学赋能改革要与时俱进，利用好新技术、新理念、新思路、新方法打造公共课教学新模式，在明晰公共课教学在一流育人架构中的地位和作用的前提下，开拓创新，改变传统思维方式和认识，创造适应时代的教学新模式。

（三）公共课教学要更具有实用性

实践是检验真理的唯一标准。公共课教学要以服务专业课为宗旨，淡化公共基础课与专业课的界限，教学内容和方法要更加具有实用性和针对性。遵循"实用为先，够用为度"的原则，培养具有一定工程实际能力的"实用型"人才，提供给学生诸如展演、竞赛、田野调查等更广阔的实践平台。

七、推广

为彰显赋能改革成效，建立好一流示范公共课教学体系，发挥公共课教学的社会效益，待阶段性标志成果取得后，拟采用以下方式进行经验推广：一是开展系列教学研讨活动，邀请校内外专家、优秀教师参加；二是举办成果展览会，邀请校内外专家和学生参加；三是面向校内外开设系列主题论坛，邀请标志成果获得者或团队进行经验分享；四是参加国内外教学会议，交流分享；五是开展先进教研成果传、帮、带活动，通过校际交流，与其他学校"帮扶"结对；六是建设教学培训基地，定期举办赋能改革教学培训；七是搭建资源服务平台，向社会提供开放式学习平台，推广优秀教学成果；八是利用各类媒体，介绍赋能改革做法和经验。一花独放不是春，万紫千红春满园，希望通过我校素质赋能教育与改革的应用与推广，迎接我国职业教育的春天。

（撰稿人：高军、任静儒、朱文明、谭旭）

第六节　强化信息科技引领，加大创新实践能力培养力度

案例：高科技引领大学生创业项目，助力中国"智"造崛起

一、目标

在大学生创新创业教育上，学校实施由校长挂帅的"一把手"工

程，由双创指导委员会指导，创新创业学院牵头各项双创工作，形成了大学生创业园、创客空间、双创大赛的各项管理制度，确定了"争创世界一流"的双创教育发展路径，形成了"全方位服务、高科技引领、国际化发展"的"深信双创"特色。

在此基础上，陈宏铎、黎万烙等学生团队在指导老师的带领下，根植于改革热土，立足深圳这一激光产业高地，借助学校大学生创业园的配套扶持政策，实现了激光抛光的初步产业化落地，并在中国国际"互联网+"大学生创新创业大赛等赛事中取得了优异成绩，获得了国内外专家、行业及市场的一致认可。

激光产业属于高新技术产业，激光作为一种高效加工工具，对于推动经济转型升级具有不可替代的作用。目前，以美、德、日为代表的发达国家激光产业发展速度惊人，特别是在3D打印、汽车、电子、机械、航空、钢铁等大型制造领域基本完成了激光加工工艺对传统加工工艺的更新换代，提前进入了"光制造"时代，全球激光产业未来将继续保持强劲的增长势头。

该行业中的激光抛光更是一种革命性抛光工艺，通过非接触加工，可以克服传统抛光工艺的高能耗、低效率、高污染和抛光形状受限等弊端，满足模具、医疗器械、3C电子、航空航天、3D打印、5G通信、汽车等多行业领域的抛光需求，其应用及产业化的推广不仅是对实施制造强国战略和各项政策的积极响应，更将助力深圳在全球激光产业中占据一席之地，使深圳市作为华南地区激光行业的聚集地，带动整个广东省激光产业快速发展。

深圳信息职业技术学院一直大力扶持高科技含量大学生创业项目，

将"智"造类项目作为种子项目去培育,大学生创业园连续两期为激光抛光创业团队提供"入园孵化"机会;配合创业园场地支持,校内校外双创导师协助指导,同时提供工商注册、财税培训、法律咨询、知识产权申报等全方位服务,并尝试推广国际合作。这些为激光抛光团队提供了良好的发展土壤。

二、问题

抛光工艺能够延长零件产品寿命、提高零件装配精度、增加零件表面美观程度以及增强零件装配密封性,全球市场规模每年就超过了100亿美元。但传统抛光多采用机械抛光和化学抛光等方法,其原理是减材制造,通常会造成致癌的粉尘污染,而且有着效率低下、品质不一、形状受限等缺陷,迫切需要实现加工工艺的转型升级。现有的激光抛光多采用熔峰填谷的技术原理,即将融化的波峰填入波谷中,达到平整表面的目的,是等量制造,但国内的技术尚不成熟。

针对目前我国千亿级的抛光市场容量,由陈宏铎、黄蓉蓉等8名同学组建与徐晓梅等多名老师指导的激光抛光团队,首创激光抛光领域多项实用技术,不仅成功突破了国内激光抛光领域的多项质量瓶颈,也为项目构建起高技术壁垒。

黎万烙等5名同学在肖海兵老师团队的带领下,面向抛光领域的细分市场,更专注于铝合金材料的激光抛光技术。作为铝合金材料抛光必备的一种加工工艺,现有的激光抛光技术运用到铝合金上会产生裂纹,将导致铝合金机械性能的丧失。因此,团队成员自主研发了混合路径双激光束抛光等多项创新技术,解决了困扰铝合金抛光领域多年的技术难题。

三、举措

（一）师生共创、培育创新思维

从入学伊始，专任教师在课堂中就进行专业领域的知识普及，选拔对激光抛光技术感兴趣的同学，加入教师个人科研项目中。通过课内外的沟通交流，进行知识技能传授、实训指导、下企业实操，培育同学们专业领域的操作技能和创新思维。

（二）全面服务、提供孵化支撑

大学生创业园提供了 5340 平方米的创业场地，制定了相应的政策制度，配合软硬件设备和资金场地扶持，采购第三方服务，由双创导师进行一对一指导，以创客大赛、专家讲座、沙龙活动等活动为有创业想法的同学提供全面的孵化支持。

（三）以赛促教、培育创业意识

通过中国国际"互联网+"大学生创新创业大赛、中华职业教育创新创业大赛等重要赛事历练，切实提高师生团队的创新创业能力，依托校内孵化场地搭建成果转化平台，推动赛事成果转化和产学研用紧密结合，为同学们提供更加宽广的创业空间，强化创业意识培育。

（四）国际合作、夯实项目技术

激光抛光团队充分利用学校与全球著名的德国弗劳恩霍夫激光研究所的合作契机，共同开发激光抛光技术，应用于全球市场，并多次组织团队成员前往德国进行交流访问。通过国际化探索及合作，了解和掌握前沿技术，并获得了 2020 年广东省科技计划重点国际合作项目立项。

四、成效

项目团队研发的多项实用技术均是我国激光抛光技术和工艺的首创，构建的技术壁垒将使团队在未来几年处于领跑地位，主要包括"平顶光整形技术"和"磁场辅助抛光技术"等，针对上述核心技术，团队已申请专利 30 多项。自主创新研制的两款产品——单激光束抛光机和双激光束抛光机已成功落地。其中，单激光束快速抛光机可实现半镜面抛光（Ra<0.15μm），满足 80% 以上的抛光市场需求；双激光束快速抛光机可实现镜面抛光（Ra0.1μm），以满足模具、航空航天和 5G 基站零件等精密抛光需求。以上技术目前已进入产业化初试阶段，产品关键技术指标和抛光精度经权威第三方检验，达到世界领先水平。

团队研发的双激光束抛光机成功产业化落地，打破了国外技术垄断；智能五轴联动数控系统实用化应用，实现复杂曲面的高精度抛光，并能控制设备价格在有竞争力的区间；稳态磁场辅助技术助力激光抛光精度提高。该团队也培育出陈宏铎、黎万烙等优秀创业学生，在学校创业园成功实现企业落地运营，并在中国国际"互联网+"大学生创新创业大赛中连续两年摘得国赛银奖。

激光抛光类项目是我校大学生进行高科技项目创业的缩影，学校坚持科研引领的双创教育发展思路，积极发挥科研优势，鼓励师生创业项目对接深圳支柱产业和区域创业环境，在双创人才培养和项目培育中取得了如下经验。

一是高科技科研项目引领。学校构建了"1+15"科技创新改革制度和完善的省市校三级科技创新平台体系，现建有广东省工程技术研究中心等省级科研平台 4 个，深圳市重点实验室等市级科研平台 11 个。近年来，无论科研立项还是科技获奖，都在全国同类院校中处于领先地位，高科技科研项目为大学生创业提供了技术保障。

二是高学历指导教师引领。学校拥有博士学位教师近 400 名，博士化率45.7%，指导教师将科研项目优势应用于创新创业教育，在课程讲授、创业指导、市场推广等方面全面提升了大学生创业项目的科技含量。很多同学从大一入校开始，即参与教师的科研项目，从中挖掘行业痛点，形成自主知识产权，通过技术壁垒构建，成功创办科技型企业。

三是高科技创业项目引领。在学校近三年孵化的大学生创业项目中，高科技企业占比 73.81%。"激光高速抛光—中国抛光工艺革新与行业引领""'致净'激光抛光装备—铝合金加工利器"等 10 余个创业团队在"互联网+"大赛摘金夺银，都是基于项目团队的科研成果转化。创业项目"五轴数控激光加工装备"荣获全国职业院校学生技术技能创新成果交流赛三等奖，并获深圳市创客专项资助 10 万元。创始人李坪佳成立深圳市聚镭科技有限公司，主营曲面激光美术画开发制作，其制作的《曲面立体清明上河图》，受到时任深圳市委书记马兴瑞（现新疆维吾尔自治区党委书记）的充分肯定和高度评价。

我校"激光制造创新团队"探索经验和创新性思维得到国际著名技术激光研究所（ILT）的高度肯定。项目将继续依托我校国家级 2188创客空间，利用团队取得的前沿性成果，进一步开展激光抛光创新性技术开发。同时基于行业企业实际需求，与银宝山新、普盛旺等企业联合开发具备国内先进水平的激光抛光系列设备。通过校内及校企实际研发场景，激发学生的创造力，锤炼意志品质，开拓视野，在创新创业中增长智慧才干，助力中国"智"造崛起。

（撰稿人：肖海兵）

第七节　推动人人出彩，深化教育评价改革

案例：多方主体协同参与的人才培养质量评价体系

一、目标

学校始终强化人才培养中心地位，经过多年实践，针对入口（生源）—过程（培养）—出口（就业）三大关键节点，从学生、家长、雇主、教师四个角度，每年开展第三方调研，与学校内部评价相结合，形成全过程、多角度的多方主体协同参与的人才培养质量评价体系。

2019年3月29日，教育部、财政部发布《关于实施中国特色高水平高职学校和专业建设计划的意见》，意见中提出"健全内部治理体系，完善以章程为核心的现代职业学校制度体系，形成学校自主管理、自我约束的体制机制，推进治理能力现代化"。2020年10月，中共中央、国务院印发《深化新时代教育评价改革总体方案》，提出坚持把立德树人成效作为根本标准，健全职业学校评价，重点评价职业学校德技并修、产教融合、校企合作、育训结合、学生获得职业资格或职业技能等级证书、毕业生就业质量、"双师型"教师队伍建设等情况，扩大行

业企业参与评价，引导培养高素质劳动者和技术技能人才。国家政策层面对职业教育发展给予了高度关注与大力支持，同时也对职业学校评价体系建设提出了更高要求。

二、问题

习近平总书记在党的十九大报告中把优先发展教育事业作为"民生之首"，提出优先发展教育事业。党的十九大报告中有两句话与职业教育发展有关，完善职业教育和培训体系，深化产教融合、校企合作。为了全面了解学校与人才培养的成效和存在的问题，进一步提升学校治理水平提供数据支持，建立完善的人才培养质量评价体系势在必行。依据《关于实施中国特色高水平高职学校和专业建设计划的意见》，学校将"注重内外评价，加强数据分析，推进社会监督"作为学校"双高计划"建设任务子任务之一。

三、举措

1. 校内建立学生、督导、同行三方内部教学质量评价体系

学校始终重视教学质量内涵建设，现已形成涵盖学生、督导、同行多方评价的"深信"特色"4+3+3"教学质量评价与保障体系。其中，4 类评价主体，即全体校领导、学校教学督导、院部教学督导小组、学生教学信息员；3 个维度为"有没有""够不够""优不优"；3 个阶段为教学资源准备阶段、教学文件检查阶段、教学质量检查与评价阶段。

在此过程中，突出学生在教学质量评价中的主体地位。一是设置学生教学信息员，组建学生教学信息员队伍，负责收集和反馈教师教学情

况、学生对教学管理的信息及学风方面的信息，实现了从各学院信息员召集人到各班教学信息员到各班同学的全覆盖学生信息收集与反馈的网络架构，相应制定《深圳信息职业技术学院学生教学信息员工作准则》对其进行管理、考核与奖励。二是每学期组织学生参与教学质量评价，学生评价占40%，评价结果作为教学质量评定等级依据。

学校设院校两级督导，参与教学评价、督查和指导。校级督导由质量管理中心领导，主要工作职责包括听课评课、教学文件检查、实践教学检查、课堂巡查、教学调研、教学质量评价等。各二级学院、教学部设教学督导小组，组织所在部门教师完成同行评教工作，相应职责包括但不限于对常规教学工作、教师教学质量、学生学习质量、教学过程管理质量的分析、督查、调研、反馈等。

2. 以学生成长过程为主线，开展多角度第三方人才培养全过程评价

加强利益相关方及校外第三方对学校人才培养质量的评价，以学生发展周期为主线，按照学校质量保证体系总体要求，从学生入口、培养过程、出口三方面着手，以学生为中心、以教学为关键、以师资为保障，设定人才培养全过程指标体系，为学校内部质量保证提供人才培养的"真实画像"。学校内部通过学校→二级单位→专业（课程）自上而下的三级教学质量评价，持续推进人才培养质量提升。定期完成权威第三方机构对生源质量、学生成长质量、毕业生三期发展、多方满意度情况的监测和评价。

其中，生源质量监测旨在了解生源特征及学业准备，分析志愿填报情况及招生工作有效性，收集入学教育反馈与期待。评价指标主要指

向：做好因材施教培养应对；提升招生竞争力；提升新生适应性等。学生成长监测旨在了解在校生年度成长，跟踪培养过程，了解知识能力素养的增值，关注学生职业成熟度发展、学习投入情况，提供关于教学内容、方法以及其他教学相关工作的改进建议。评价指标主要指向：了解学生知识能力增值状况；持续追踪学生职业成熟度发展；关注各年级学生特有问题等。毕业生就业质量监测旨在描绘毕业不同时段毕业生就业画像，了解毕业生的能力、知识掌握情况以及对母校教学、学生工作的评价，从结果的角度分析培养过程对社会需求的满足程度。评价指标主要指向：毕业生就业画像；毕业生职场发展状况；反馈培养过程，促进教学改进；了解校友评价，改善在校体验等。

3. 以学生在校体验为核心，推进人才培养质量持续改进

学校坚持将培养高素质技术技能人才作为办学目标，突出专业技能和职业素质的培养，为学生职业生涯的能力塑造安排在校教育教学活动，注重学生在校体验。依托学校与清华大学持续合作开展的"中国大学生学习与发展追踪研究（CCSS 项目）"，深化学校在校生学情调研，持续关注学生学习过程。通过调查和对数据的分析能获取学校教育过程中真实存在的问题，以大学生学情调查为抓手努力破题，诊断各类问题，主要如诊断学生的社会构成，诊断不同年级学生的学习状态，诊断不同学院的课程质量，诊断学生的学业收获，诊断学校和学院两个层面的治理水平等。覆盖从生源输入、学习过程到就业出口的全口径数据，全面准确地诊断学校教育质量和动态存在的问题，细化到不同背景学生 CCSS 指标分析和模型，总结学生对学校的意见反馈。通过 CCSS 调查为学校各类评估认证工作提供来自学生口径的第三方数据举证，以

客观数据反映学校人才培养工作存在的问题,并指导相关问题的改进。

四、成效

从权威第三方机构相关专项报告来看,通过上述举措,近年来,学校人才培养工作取得了持续成效,从如下可综合反映毕业生就业质量的关键指标"计分卡"及 2021 届毕业生相关数据来看,学校毕业生就业质量稳定提升,职场发展持续有力。

表 2-1 学校毕业生近四年关键指标"计分卡"

	指标	单位	2018 年	2019 年	2020 年	2021 年
1	就业率	%	96.23	98.97	96.43	97.05
2	月收入	元	3749.00	4374.55	4153.98	4616.63
3	理工农医类专业相关度	%	83.80	89.19	96.00	92.00
4	母校满意度	%	99.60	99.70	98.58	98.64
5	自主创业比例	%	1.80	2.40	5.03	2.47
6	雇主满意度	%	98.99	99.00	99.95	98.47
7	毕业三年职位晋升比例	%	—	99.80	99.00	99.00

就业率方面,截至 2021 年 9 月,毕业去向落实率为 97.05%,其中 994 人被本科院校录取,升学率约为 20.69%,录取人数创历史新高。学校 2021 年 7 月被全国高校就业协会评为"全国高校毕业生就业创业工作典型案例学校"。

月收入方面，学校毕业生月收入继续增长，2021 年 9 月 1 日就业平均起薪线达到 4616.63 元，比广东省高职院校 2020 年的平均月收入 3581.00 元高出 28.92%。

理工农医类专业相关度方面，2021 年度毕业生专业相关度为 92%，学生就业对口率保持高位。

母校满意度方面，学校毕业生母校满意度 2021 年度进一步提升，达 98.64%。

自主创业比例方面，在深圳良好的创业环境及学校创业引导政策鼓励下，2021 年度，学校毕业生自主创业比例为 2.47%。第三方调查显示，本校自主创业的毕业生主要从事互联网开发及应用、销售相关的岗位，主要集中的领域是信息传输/软件和信息技术服务业、零售业、文化业、体育业和娱乐业。

毕业三年职位晋升比例方面，本校毕业生职场竞争优势明显，据第三方机构麦可思的调查数据，学校毕业生三年内职位晋升比例为 99%。

五、经验与推广

1. 科学设置评价指标体系，过程性与结论性评价相结合

入口（生源）—过程（培养）—出口（就业）三大关键节点中，生源质量方面重点了解招生情况、学生基础、专业认知、职业期待等方面数据，勾勒学校生源与招生的特点，使学校和教师了解生源特色及质量，制定有针对性的培养战略和策略。培养过程方面重点了解学生对学校在课程教学、学生学习、学生自我报告的教育收获、职业能力发展、以学为中心的大学治理等方面的评价与满意度及企业对人才培养模式和

学生就业、实习方面的评价，帮助形成学生视角的学校人才培养的画像，了解学校当前在人才培养方面的优势与问题。就业方面重点监测学生毕业一、三、八年就业质量和职业发展情况的企业评价和学生自评，旨在描绘毕业不同时段毕业生成长画像，了解毕业生的能力知识掌握情况以及对母校教学、学生工作的评价，从学生职业发展角度跟踪分析培养方式对社会需求的满足程度。

2. 以学生为中心，多评价主体协同参与

除了针对学生开展评价调研外，也将家长、雇主、教职工等利益相关方作为评价主体纳入评价体系中，在必要范围内提升评价指标多元化和评价内容立体化的程度，从多角度寻找人才培养与社会需求和期望间的差距，为学校提升人才培养质量提供更加全面、更具参考意义的数据支持。

根据《深圳信息职业技术学院帮扶百色职业学院工作方案》及《深圳信息职业技术学院汕尾职业技术学院校际科研帮扶项目实施方案》，我校为帮扶院校提供相关制度材料，协助帮扶院校建立和完善人才培养评价体系。

（撰稿人：钟姝宇）

第三章

一流研发新形态

导　读

　　本章从成果转化、技术集成攻关、创新驱动发展新机制等方面展示学校的一流研发新形态。根据《国家职业教育改革实施方案》（国发〔2019〕4号），教育部、广东省政府联合印发《教育部 广东省人民政府关于推进深圳职业教育高端发展 争创世界一流的实施意见》等一系列文件，为积极落实国家战略，学校先是与电子科技大学签署协议并共建深圳市电子信息产业技术研究院，合作模式为国内首创。并积极探索科研体制机制改革创新，秉持六大理念，建立电子信息产业科技成果资本化、产业化的系统体系，搭建以"中试熟化"为主的新型工程技术研究平台，服务电子信息产业发展，探索新型产教研合作新机制。再是整合多方创新资源，打造"一体两翼"的科技创新平台"深信创新港"，聚焦六大产业技术集群，建设六大创新平台载体。以"融合产业、服务产业、引领产业"为思路搭建"桥梁"，一头对接湾区重点产业布局，探索体制机制创新，研制国内国际行业标准，培养高水平攻关团队；一头对接学校高端人才培养，产出先进课程资源，开发真实实践项目，采用工程化、项目化、模块化教学，形成信息特色鲜明的高端人才培养体系。

作为"双高计划"B档建设单位，学校积极打造技术技能创新服务平台，联合地方政府，探索了面向企业发展、支持企业技术创新的政校企协同创新模式，在电子信息、互联网、新材料、先进制造等领域摸清企业技术创新短板，与企业进行精准对接，共建研发科技团队，助推企业高质量发展。

第一节　走出成果转化"死亡谷"，创新建设"电子信息产业技术研究院"

案例：建设深圳市电子信息产业技术研究院，支撑地方经济社会发展

一、简介

为积极推进《国家职业教育改革实施方案》，助力国家信息安全战略和攻克"卡脖子"难题，学校积极落实深圳市人民政府与电子科技大学签署的《全面战略合作框架协议》第4条约定的内容，即与电子科技大学共建深圳市电子信息产业技术研究院，开展创新人才培养、科技研发、成果转化等方面合作，积极探索新型产教研合作机制。

在市政府的大力支持下，学校与电子科技大学于 2020 年 9 月 20 日在龙华银星科技园正式签约共建"深圳市电子信息产业技术研究院（以下简称电产院）"。

图 3-1　学校与电子科技大学签署电产院共建协议

电子科技大学是国家建设的"世界一流大学"A 类高校，是国内电子信息领域高新技术的源头，拥有国家一流人才队伍、国家一流学科，其主要攻关方向高度契合深圳电子信息产业发展需求。深圳信息职业技术学院（以下简称"深信院"）是中国特色高水平高职学校和专业建设计划（简称"双高计划"）第一轮建设单位（B 档），是国内信息类职业院校中的排头兵，拥有电子信息大类的多个专业方向与高水平的师资队伍，与区域产业发展需求高度契合。

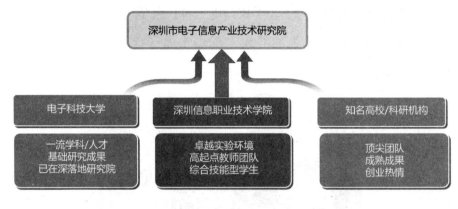

图 3-2　双方合作模式图

一流电子信息类高职院校与一流电子信息类 985 高校联合起来，双方本着"资源共享、优势互补、注重实效、面向未来"的原则，各自充分发挥在电子信息领域的办学优势，以电产院为合作平台，一方面通过技术开发、成果转化和社会服务等合作内容，不断完善从研究型人才到高技能、应用型人才培养全体系，为深圳电子信息产业发展全方位提供人才输出；另一方面，电子科技大学在基础科学研究与前沿技术研发的成果和学校在工程技术开发、技术商品化、科技成果转化与企业衍生孵化等方面，两者相互补充，协同发展，可形成电子信息产业完整的产业创新链，助力"双区"建设。

二、目标

电产院聚焦电子信息领域，积极探索新型产教研合作机制，重点围绕科技研发、成果孵化、公共技术服务、创新人才引培等方面开展工作，快速形成电子信息领域创新资源的规模效应和高层次产业应用型人才的供给能力，建设成为最具"政产学研用资"生态活力的创新创业基地，支撑深圳电子信息类战略性新兴产业快速健康发展。

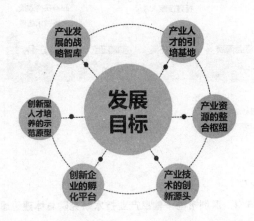

图3-3　深圳市电子信息产业技术研究院建设目标

三、举措

按照深圳市建设全面创新改革试验区的总体要求，学校以电产院为平台，积极探索科研体制机制改革创新，秉持"聚焦一个领域""服务两项职能""引进三类人才""实施四点探索""引导五种资源""布局六大方向"六大理念，建立电子信息产业科技成果资本化、产业化的系统体系，围绕商品化研发，搭建以"中试熟化"为主的新型工程技术研究平台，服务电子信息产业发展。

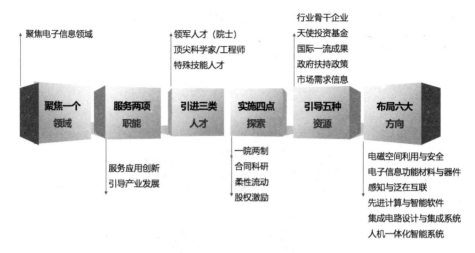

图3-4 深圳市电子信息产业技术研究院总体建设思路

"聚焦一个领域",即聚焦电子信息领域,始终处于电子信息科学技术的前沿。

"服务两项职能",即服务应用创新、引导产业发展两项职能,以应用与科技创新推动电子信息技术与其他行业深度融合,促进相关产业转型升级与发展。

"引进三类人才",即领军人才(院士)、顶尖科学家/工程师、特殊技能人才,使电产院成为高层次人才的集聚地和人才创业的缓冲带。

"实施四点探索",即一院两制、合同科研、柔性流动、股权激励,创新管理制度,促进"电子科大"与"深信院"的深度交流,同时激发科研人员的创新与创业热情。

"引导五种资源",即行业骨干企业、天使投资基金、国际一流成果、政府扶持政策、市场需求信息,整合相关资源,加强产业研发资源的统筹协调,加快构建布局优化、特色鲜明、开放高效的产业研发体系。

"布局六大方向"，即电磁空间利用与安全、电子信息功能材料与器件、感知与泛在互联、先进计算与智能软件、集成电路设计与集成系统、人机一体化智能系统，开展前沿科学探索和联合技术攻关，坚持自主可控可靠，推动产教融合。

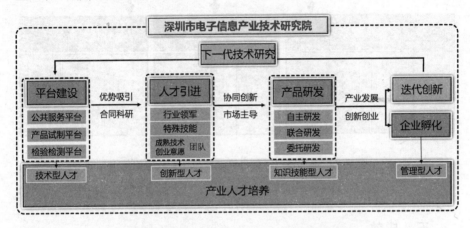

图3-5 深圳市电子信息产业技术研究院建设内容

四、组织架构及运行机制

深圳市电子信息产业技术研究院按照"企业化管理、市场化运作"的总体要求，充分发挥"政产学研用"紧密结合的优势，在组织模式、技术创新、成果转化、企业孵化机制方面改革创新，切实将电产院建设成为校地企多方共同参与的混合所有制改革实验平台。

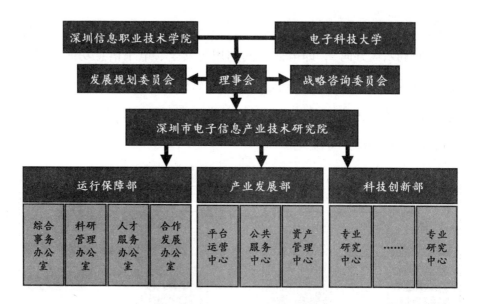

图 3-6 深圳市电子信息产业技术研究院组织架构

五、成效

1. 合作模式国内首创

由职业院校牵头同 985 研究型大学合作共建产业技术研究院，这在国内为首创，是深信院布局未来职业教育的一个重要载体和有力尝试，将为全国职业院校技术研发与专业建设提供先进范例。

2. 高层次人才队伍的壮大

电产院已柔性引入的电子科技大学殷光强牵头的电磁空间利用与安全高水平团队，设备投入 7000 多万元。目前，已经引入院士及青年千人牵头的感知与泛在互联、半导体材料、电子信息材料与器件团队 3 支高水平团队。

3. 进一步加强专业的建设与科研能力

在高水平团队的带领下将建设电磁空间利用与安全、电子信息功能材料与器件、感知与泛在互联、先进计算与智能软件、集成电路设计与集成系统、人机一体化智能系统六个研究中心，进一步促进专业的发展与科研能力的提升。

（撰稿人：李宵）

第二节　瞄准"卡脖子"难题，联合头部企业共建共性关键核心技术集成攻关平台

案例：建设"深信创新港"，打造产学研融合的"桥头堡"

一、目标

为支持学校建设世界一流职教名校，服务"双区"建设，学校积极对接大湾区产业高端和高端产业，围绕集成电路、第三代半导体、网络安全、5G、人工智能、智能制造等"高精尖缺"领域，携手世界一流企业或行业头部企业，聚焦产业链关键缺失环节；瞄准国家"卡脖子"应用技术，加强关键核心技术攻关，形成一批具有重大引领作用的研发成果，加速科技成果转化，为区域经济与社会发展作出应有的贡献。

学校整合多方创新资源，在校内构建以知行楼 4 栋为主体，4 栋、5 栋架空层为两翼的科技创新平台"深信创新港"，建设产业先进技术集群、顶尖企业联合研发集群、全球实验室集群、01 实验室集群、数字经济与数字管理研究集群、创意设计集群六大集群，并积极联合高校、头部企业等共建高水平科研实验室、应用技术创新中心、先进技术熟化中试基地、公共技术服务平台、科技成果转化（产业化）基地、技术攻关团队六大功能创新载体。

图 3-7　深信创新港

根据《国家职业教育改革实施方案》（国发〔2019〕4 号），教育部、广东省政府联合印发《教育部 广东省人民政府关于推进深圳职业教育高端发展 争创世界一流的实施意见》等文件，要求深圳抓住粤港澳大湾区建设的重要机遇，增强核心引擎功能，朝着建设中国特色社会主义先行示范区的方向前行，努力创建社会主义现代化强国的城市范例，为深圳职业教育事业迎来新的发展机遇。

学校打造世界一流职教名校，服务国家战略和建设粤港澳大湾区，支持深圳建设中国特色社会主义先行示范区，应积极对接国家所向、湾区所需、深圳所能，先行先试、改革创新，勇当建设中国特色世界一流职业教育的开路先锋。

到2022年，建成坚定社会主义办学方向、体现世界一流水平、区域贡献卓著、彰显国际影响力的中国特色现代职教名校，为国家和世界职教事业贡献"深圳方案"。

综上，学校在争创世界一流职业名校进程中，拟在校内建设多个产业技术集群，构建六大功能创新载体，形成"政产学研用金""六位一体"的协同创新人才培养模式；建成1个产业高等学院，通过吸收高年级优秀学生进入产业高等研究院，采取项目化、工程化、实践化训练，最终培养出高水平、适应深圳产业需求的技能型人才。通过3~5年的建设将"深信创新港"打造成"卡脖子"攻关的高地、成果产出的高地、技术服务的高地、特色与精英人才培养的高地，为世界职教领域贡献"深圳方案"。

二、问题

（1）单单以学校的科研团队能力而言，教师团队的理论储备相当丰富，但仍然缺乏与行业企业关键技术的实时对接能力，不能及时抓住在行业企业技术开发中遇到的难点和痛点。

（2）"深信创新港"的建设仍需要深度整合学校科研资源，根据人才团队自身优势联合推动科学技术的高度和深度协同发展。

三、举措

"深信创新港"以"融合产业、服务产业、引领产业"为思路搭建"桥梁",一头对接湾区重点产业布局,探索体制机制创新,聚集高端人才,配置高端设备,着眼先进技术,共享科技成果,研制国内国际行业标准、培养高水平攻关团队;一头对接学校高端人才培养,产出先进课程资源,开发真实实践项目,采用工程化、项目化、模块化教学,形成信息特色鲜明的高端人才培养体系。聚焦六大产业技术集群,建设六大创新平台载体,建设六大创新平台载体,具体为:技术攻关团队、成果产业化基地、先进技术熟化中试基地、公共技术服务平台、应用技术创新中心、高水平科研实验室。

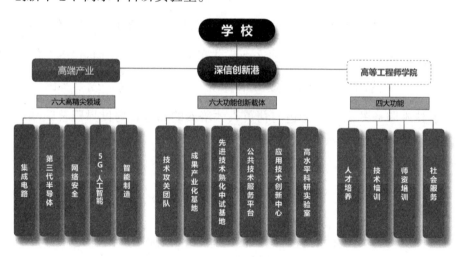

图 3-8 "深信创新港"功能定位图

1. 柔性引进与校内招聘相结合,建设一批技术攻关团队面向中小微企业发展需求，瞄准行业关键技术、企业先进技术，联合企业共建技术攻关团队，开展行业关键技术攻关、企业先进技术研发，助力企业提升核心产品的竞争力。

2. 面向高端产业，建设应用技术创新中心

面向新一代信息技术、高端装备制造、数字经济、新材料等战略性新兴产业，联合顶尖企业、科研院所在人工智能、5G、物联网、材料与芯片等领域共建高水平应用技术创新中心，开展关键核心技术攻关与行业共性技术研发及应用，产出一批原始创新成果，助力产业发展，推动学校基础研究能力不断提升。

3. 面向重点行业，建设公共技术服务平台

围绕集成电路、新一代信息通信技术、工业机器人、智能制造与加工、材料分析与处理、固废处理、环保监测等重点行业需求，在技术质量检验、系统安全检测、技术研发与推广等领域，建设高水平公共技术服务平台，提升应用技术服务能级，建立良好的应用技术研发与服务生态体系。

4. 面向科技前沿，引入并建设高水平科研实验室（国家级科研平台及分支机构）

瞄准国家重大战略目标，面向集成电路、芯片、新材料等"卡脖子"应用技术，在提升学校重点实验室的创新能力基础上，加强高水平实验室布局，在人工智能、5G、物联网、新材料、芯片等领域建设市级以上的重点实验室、国家级科研平台及分支机构等，产出一批原始创新成果，推动学校基础研究能力不断提升。

5. 面向全球，筹建先进技术熟化中试基地

以政府投入为主，有效利用企业资源，建设全球领先的生产性实训中心，在此基础上进一步提升，建成具有辐射引领作用的先进技术熟化中试基地、产品工程转化基地以及高水平专业化产教融合实训基地，同时兼顾先进技术场景落地、技术体验、职业体验等。

6. 面向市场需求，建设科技成果转化（产业化）基地

面向市场需求，鼓励平台、团队把技术创新、技术研发的成果积极地进行转化，对于条件成熟的项目支持建设产业化基地；实施绝技绝艺团队建设计划，汇聚一批世界顶尖的能工巧匠和技术专家，加速科技成果熟化和产业化。

四、成效

截至目前，深信创新港已完成如下工作：

（1）创新港公共服务中心的建设，包括成果展厅、业务大厅、前厅、综合办公区、会议室、学术交流区等功能区，并接受了数十次参观指导。

（2）信息技术研究所、滨海土木工程技术研究所以及智能制造技术创新中心的整体搬迁入驻。

（3）深圳功率半导体应用技术创新中心等 11 个拟入驻项目的空间布局、项目立项等工作。

表 3-1 "深信创新港"重大平台建设项目汇总表

序号	项目名称	学院
1	融合深度感知和泛在互联的智能制造应用技术创新中心	信息技术研究所
2	深圳功率半导体应用技术创新中心	信息技术研究所
3	高速信号测量技术创新中心	信息技术研究所
4	大数据系统计算技术国家工程实验室产业大数据服务中心	软件学院
5	智能硬件核心芯片设计应用技术创新中心	微电子学院
6	网络空间安全培训认证公共技术服务平台	计算机学院
7	智能医学信息处理公共技术服务平台	信息与通信学院
8	物联网产业应用技术创新中心	信息与通信学院
9	全球数字化人才培养公共技术服务平台	信息与通信学院
10	新材料研发公共技术服务平台	滨海土木工程技术研究所
11	区块链应用技术创新中心	软件学院

（4）依托各创新平台，引进包括加拿大工程院院士、国家杰出青年基金获得者、中组部青年千人等为学术带头人的科研人才团队 7 个；依托博士后创新实践基地，招收博士后 16 人；与其他高校联合培养研究生 64 人；各类研发人员达 130 多人，研究团队已快速形成。

"深信创新港"自 2021 年 4 月启动建设以来，成立了管理委员会，并在管理委员会的指导下开展了筹备、建设及项目入驻工作。

随着不断推进阶段性建设，"深信创新港"的地面一层项目群已经逐步进入研究启动或正常运行阶段。通过 2~3 年的培育及发展，"深信创新港"必将在"卡脖子"关键技术、科技前沿技术、产业共性技术领域产出一批具有高价值、易推广的科技研发成果，形成"政产学研用资""六位一体"的协同创新人才培养模式，推动粤港澳大湾区的产业发展。

（撰稿人：刘双）

第三节　聚焦高端产业与产业高端，完善创新驱动发展新机制

案例 1：以职业院校为重要主体的政校企协同创新模式

一、目标

打造区域技术技能创新服务平台是"双高计划"校主要建设任务之一，而服务好区域内企业特别是中小微企业技术研发与产品升级则是技术技能创新服务平台建设的应有之举。深圳信息职业技术学院联合地方政府，探索了面向企业发展、支持企业技术创新的政校企协同创新模式，并在实践中取得了一定的成效。

2020 年 9 月，习近平总书记在科学家座谈会上强调，要发挥企业

技术创新主体作用，推动创新要素向企业集聚，促进产学研深度融合。协同创新作为科技创新的一种新范式，其核心要义就是促进"政产学研用"等多主体间的深度整合、紧密融合，这一新范式对提高企业创新能力，提高高等教育质量，促进我国经济持久繁荣、科技进步和人才高端培养，具有极为重要的意义。企业是创新的主体，自我国 1985 年拉开科技体制改革大幕以来，为确立企业创新主体地位，国家和社会各界经过了多年的探索与实践。《中华人民共和国国民经济和社会发展第十四个五年规划和 2035 年远景目标纲要》专设一章论述"提升企业技术创新能力"的问题，提出要"完善技术创新市场导向机制，强化企业创新主体地位，促进各类创新要素向企业集聚，形成以企业为主体、市场为导向、产学研用深度融合的技术创新体系"，这一方面说明加强企业技术创新对国家经济社会发展有十分重要的促进作用；另一方面也可看出，提升企业创新能力、真正确立企业创新主体地位依然任重道远。

为服务企业技术创新并突出企业主体地位，学校采用协同创新范式探索并推进相关工作。

二、问题

区域政校企协同创新的运作目前仍存在创新主体隔离严重、创新资源集聚程度低、管理效率不高等问题，区域创新体系不够完善，服务产业行业企业创新诉求的能力不足。具体而言，主要存在以下三方面的问题。

（一）企业方面

制约企业特别是中小微企业开展技术创新的障碍主要来源于能力与

风险两方面。能力方面的障碍主要表现在：第一，企业决策者对技术创新在竞争力提高上的作用认识不够，认为技术创新是花钱多、见效不大的事；第二，中小企业技术创新经费投入不足，一方面自身资金和资本积累较少，另一方面又难以获得银行贷款和融资；第三，企业特别是中小企业缺乏技术创新人才。风险方面，由于创新不确定性等因素，企业面临决策性风险、技术性风险和资金风险，这些风险的存在，可能造成企业不敢下决心创新或在创新进程中受阻中断。

（二）政府方面

学校地处深圳市龙岗区，龙岗区政府对于中小企业科技创新的支持主要是"中小企业科技创新50强扶持"，支持面较窄，对大部分有创新意愿而资金不充裕、抗风险能力不强的中小微企业开展技术创新活动缺少必要的扶持。

（三）学校方面

学校深入贯彻产教融合，大力推进校企合作，把服务产业升级和企业发展作为自身使命，但是在实践中，也存在资源有限、影响力不足等短板，难以精准、全面掌握企业的需求，引领企业开展技术创新的能力尚有欠缺。

三、举措

基于对问题的分析，学校以协同创新理念为指导，联合龙岗区人民政府共同设立"高等院校科技创新专项扶持资金"，双方按一比一的比例，每年各投入不超过1000万元；专项资金的使用以企业需求为导向，以校企协同创新项目为载体，整合多方资源助力企业解决发展中遇到的技术难题、联合企业攻关共性关键核心问题。通过构建以政校企三方为核心的协同创新模式，提升校企双方整体创新能力，促进区域经济社会发展。

（一）政府主导

政府主导是指地方政府通过完善制度发挥引导与调控的作用。经过我校与龙岗区政府多次沟通，最终由龙岗区科技创新局与我校签订共设"高等院校科技创新专项扶持资金"的合作协议，并将该专项资金纳入龙岗区科技创新专项资金体系，写入《深圳市龙岗区经济与科技发展专项资金支持科技创新实施细则》。根据政策文件，政府及高校共同投入的资金由学校具体管理使用，龙岗区科技创新局承担监督指导的职责。

相关政策文件的出台，可以说是按下了校企协同创新的总开关，对企业及学校都有明显的激励效应，较大提高了企业和教师的积极性，同时政府资金的投入为校企协同创新提供了更加有力的保障。

（二）以高职院校为中心

学校不仅投入资金、人才、技术和设备，而且承担了技术需求征集、项目申报、评审、立项、年度检查、绩效评估、结题验收等工作，在此政校企协同创新活动中处于承上启下的中心位置。

学校制定《高等院校科技创新专项扶持资金管理办法和经费管理办法》，规定专项资金支持学校在编在岗教职员工开展科技创新工作，以及参与和指导学生创办企业；重点支持校企协同创新项目，此类项目由企业需求牵引，针对企业技术难题，校企双方的人员共组团队、共同研发，着眼于企业特别是中小微企业技术改进与产品升级。

需求征集方面，学校一方面对接企业征集，另一方面也发动广大教师联系企业搜集；征集、搜集到的需求交给同行专家进行评估，将有价值的需求编制成项目指南，再面向全校教师组织申报。教师申报项目时，必须联合企业相关人员组成团队。

（三）以企业为主体

在本模式中，企业主体地位主要体现在以下三个方面：第一，企业的需求是创新工作的起点，同时校企双方的深度合作也有利于企业发掘技术创新的需求；第二，企业人员是研发团队的核心成员，企业人员熟悉技术发展趋势，熟悉技术应用场景，熟悉市场要求与走向，并且有丰富的一线生产及研发经验，能为项目研发带来宝贵的技术、信息等资源；第三，研发成果可直接运用于企业技术革新与产品升级，合作企业有权优先以技术转移、成果转化的方式占有和使用成果。

四、成效

该计划实施三年以来，学校共面向区内企业征集 49 项技术需求，联合 50 余家企业共投入将近 300 名研发人员开展相关研发工作。截至2021 年 7 月底，项目研发所取得的学术、技术成果及经济社会效益包括：开发原型、样机等 28 台/套；发表高水平论文 89 篇；申请专利合作条约（PCT）4 项；申请发明专利 108 项，获授权 27 项；申请实用新型专利 51 项，获授权 39 项；申请软件著作权 14 项，获授权 9 项；技术转让收入 716.7 万元；成果转化收入 25 万元；带动企业新增产值6976 万元。初期的实施成效比较可观。

在理论探索与实践中，本模式的可行性在于：第一，知识经济时代，经济高质量发展背景下，企业对开展技术创新有巨大且十分紧迫的需求；第二，高校拥有规模可观、稳定可靠的高层次科技人才队伍、深厚的技术积累和精良的仪器设备，能够为企业技术创新提供智力等条件支撑，例如我校目前就有博士学历教师 430 多名、有效专利多项、价值超过 8 亿元的高端设备可服务于企业技术创新；第三，政府和高校加大经费投入，辅以政策的引导，有利于打造区域政校企多元投入的"产学研用"创新体系；第四，随着产教融合、校企合作的深入贯彻，高校与产业、行业、企业的联系越来越紧密，帮助中小微企业开展技术创新的便利性越来越明显。

（撰稿人：林晓航）

案例2：强大服务能力与一流服务平台，得到行企高度认可

一、企业主动捐赠设备，助力学校科技发展

近三年，学校接受科技捐赠项目计 19 批次，价值 2600 多万元，主要来自金融、信息技术服务等行业的知名企业和协会。其中，深圳市聚飞光电股份有限公司（简称聚飞光电）向我校捐赠原价值 248 万元的仪器设备一套，用于支持学校第三代半导体创新中心建设及光电子技术人才培养。

二、校企共建科研团队，服务企业成长

学校聚焦深圳重点产业发展需求，与企业进行精准对接，凝练技术需求，与企业共建研发科技团队，着力破解企业技术难题，协助企业开

展科技创新、技术攻关等活动，助推企业高质量发展。

图3-9 部分服务企业创新团队带头人

其中，靳京城老师的"深锐截止滤光元件及光学模块研制及产业化"项目，已经为多家生物医疗检验公司提供高端光学元件的进口产品替代，解决了该领域"卡脖子"的难题，成果转化案例作为章节内容被《光明日报》进行报道；王新中教授团队与企业联合研发新型低蓝光高光效健康全光谱LED等科研成果转化为市场热销的产品，助推旭宇光电（深圳）股份有限公司年产值突破4亿元；董志君教授团队与考拉生态科技有限公司共建产教融合平台，协助企业破解尾矿建材固废处理技术难题；周泳全教授带队协同深圳市海目星激光智能装备股份有限公司合作开发新技术，帮企业创收3亿多元。

三、一流公共服务平台，助力中小微企业发展

学校打破学科与空间壁垒，利用"互联网+"开放平台，实现大型

科学仪器设备对内无障碍共享、对外开放的局面，服务中小企业 30 多家，有 10 余家企业的"研发中心"和"测试中心"落户我校，服务费用超 200 万元。其中，学校新材料研发公共技术服务平台有新材料研发测试设备 40 余台/套，涵盖样品制备、成分分析、形貌表征和性能测试等新材料研发链各个环节的工作，为深圳先进高分子材料研究院、深圳鑫昌龙新材料有限公司及四川砼道科技有限公司等单位，提供高性能高分子材料国产化、尾矿全量全要素资源化方案及为绿色建材化技术提供研发方案等；智能制造技术创新中心为深圳百柔新材料科技有限公司在电路板增材制造领域的电路板制造物理化提供支撑。

图 3-11　新材料研发公共技术服务平台高端设备

四、企业"出题"，学校"揭榜" 承担大量横向课题

近年来，学校在电子信息、互联网、新材料、先进制造等领域摸清了企业技术创新短板。对接高端产业，先后服务华为、腾讯、TCL、金证科技等领军企业和 46 家行企、7 个产业园区；把脉中小企业，瞄准企业行业内急需解决的重大问题、难点问题，开展联合或协助企业申报研发项目，实施校企合作专项行动，开展系统性、集成性的技术创新、新技术应用活动，助力企业实现价值链重构和价值创造环节再造。校企双方合作聚焦于从"基础研究"到"产业应用"的中间环节，开展科研攻关、协同育人模式，积极促进成果转化。自 2019 年以来，学校获企业横向项目等技术转移项目 200 多项，合同经费近 5000 万元。科研经费总量达 3 亿元，年均增长率达 60.77%。技术转移经费收益近 900 万元，转化形式涵盖专利、软件著作权和技术秘密的转让、授权许可和作价入股等各种形式，助力高水平科技自立自强探出新路。

（撰稿人：季明）

第四章

一流教学新支撑

导　读

本章从国家级教学创新团队、混合式立体化教学体系、高水平产教融合实训基地、一体化智能化教学平台、办学质量监管评价机制、大数据变革、数据安全监管七个方面来展示我校的一流教学新支撑。

聚企汇力，深化"三教"改革，打造国家级教师教学创新团队。摆脱重科研轻教学，坚持思想政治和师德师风建设，培养团队教师的职业素养和实践能力，较好地解决教师队伍中容易出现的学历、经验、教学能力不匹配的问题。分类型、分层次开展教师国内外培训，培养教学能力、专业建设能力、社会培训能力、科研和技术服务能力、国际化人才培养五种能力。

打造"产学研用服"高度融合共同体，联合世界500强开展技术服务。分工协作开展模块化教学模式改革，"+AR/+VR"信息化助力课堂革命，将共同研发过程中形成的案例快速转化为系列微视频、微课、活页式指导书等具体教学方案，推动小步快跑式的微专业教学改革。

打造数字化教学资源，建设高水平产教融合基地。现有包括5G全场景全业务职业教育示范性虚拟仿真实训基地等国家级基地5个、省级基地34个、市级基地44个、校级基地298个、专业资源库10个，生均工位数1.82个，为实训教学、竞赛、考证等提供了重要支撑。信息类专业学生获得行业认可的顶级证书比例达3%，信息技术领域毕业生获得知名行企认证的高级工程师证书（如HCIP、CCNP等）比例达25%，毕业生获得两个以上职业技能等级证书比例达89%。

升级校园信息网络，实现有线、无线IPv6全覆盖与5G信号重点覆盖，构建智能化数据中心，建立数据资源目录，实现各类服务事项"一网通办"，全新的信息系统建设模式获得高度重视和认可并在其他院校广泛推广；通过物联网、云计算、软件、大数据技术运用，以实验管理信息化改革为主线，以培养学生创新精神和实践能力为核心，构建信息化、智能化管理的云实验室。

针对教学质量保障中师生协同发展失衡的问题，设计了基于学情循证的多主体—全过程—多维度—全反馈教师教学质量诊断与改进全流程，建立涵盖专业学习、素养提升、职业规划等内容的学生个性化电子档案。

第一节　保障教书育人，建设国家级教学创新团队

案例 1：软件技术专业群首批国家级职教创新团队
——人工智能教学团队的建设与示范

一、简介

"三教"即教师、教材、教法。作为教育的核心组成部分，"三教"改革是落实《国家职业教育改革实施方案》的重要抓手，教育部印发的《全国职业院校教师教学创新团队建设方案》明确提出，2019—2021 年，打造 360 个满足职业教育教学和培训实际需要的高水平、结构化的国家级团队，示范引领高素质"双师型"教师队伍建设，深化职业院校教师、教材、教法"三教"改革。因此，在"三教改革"的背景下，建设教师教学创新团队，培养德技兼修的高质量人才，建立工学结合的育人模式，是高职院校进一步推动教育改革发展的重要着力点。深圳信息职业技术学院软件技术专业人工智能教学团队作为首批国家级职业教育教师教学创新团队，2020 年获得国家教学团队主课题，成为全国 AI 教学共同体牵头单位，还是"全国党建工作标杆院系"培育创建单位，充分发挥了党建在教学团队建设中的领航作用，紧紧围绕云智融合新型软件应用人才培养需求，从师资队伍、课程改革、模块化教学、协作共同体等方面多措并举，切实做好引领教育教学模式改革创

新、推进人才培养质量持续提升等各项建设工作。

二、机制

培优育强，铸建善教学、强科研工匠之师。"三教"改革中，教师是教学改革的关键。随着时代的变革、学生需求的增加，教师的教学形式、教学手段也需要与时俱进、不断更新，仅凭教师个人的研究已不能适应目前的教学需求，因此建设一支教学出色、科研能力强的教学团队成了重中之重。而职业院校"三教改革"的根本任务，在于大胆改革创新、立德树人，围绕职业教育"产教融合""课证融合""科创融合""院校融合"四个方面，树立各类优秀教师标杆，分层分类培养高绩效教师教学创新团队，从而为教师赋能，营造出人人出彩的团队氛围。

（一）"产教融合"形成团队合力

自职业教育的重要性在 1985 年《中共中央关于教育体制改革的决定》中被重新明确以来，我国不断探索中国特色的职业教育，这时"产教融合"这一概念作为深化职业教育改革的重要途径被反复提出，《国务院关于加快发展现代职业教育的决定》中就提到，"加快现代职业教育体系建设，深化产教融合、校企合作"，而国务院办公厅在《关于深化产教融合的若干意见》中明确要在产教融合模式下加强师资队伍建设。因此，推动产教融合发展是职业教育改革的必然趋势，职业教育与产业深度合作、融合已成为现代教育发展的共识。软件技术专业人工智能教学团队紧密对接世界知名企业，根据企业技能人才需求重构课程体系并逐步推进 AI 课程建设，形成校企协同教研与备课，共同开发课程资源机制。通过对接领军企业人工智能应用等典型工作岗位的工作需求，定期邀请亚马逊、腾讯、小米、商汤等企业对人工智能核心算法、专项技能需求等进行联合研讨，完善人才培养方案课程总体设计。另外还吸纳行业企业技术专家加入教学创新团队，实施每位团队老师合作一家典型企业、完成一个科研成果、获得一个高质量职业证书、开发一部新形态一体化教材、培养一批优秀学生的"五个一"工程，形成"德技并重"的团队教师发展标准。

（二）"课证融合"提高教学能力

课程体系建设是促进教学改革的根本任务，而"课证融合"将"专业课程"与"职业考证"相融合，围绕"三教改革"，致力于解决职业教育中课程与教学中存在的突出问题，推进课程体系建设，促使高职院校提高教学能力及人才培养能力。软件技术专业人工智能教学团队以"课证融通"教学改革推动精细化人才培养，形成以"云智"融合开发的"新技能模块"重组"结构化"教学团队，对接微专业快速适应新技能岗位的特点，形成建设系列的活页式教材、技能型微课，持续提升核心教学能力的机制。并依据生产一线项目探讨职业能力、职业技能、模块、工单之间的关系，与腾讯等企业合作开发出小程序"1+X"证书三个，参照华为 HCIP-DevCps，WEB 前端开发"1+X"职业技能证书标准，形成对接"技能模块-X 证书"的课程体系，成功开发出活页式和工单式实训项目指导书，形成专兼教师分工协作开展模块化教学机制。针对多场景分工协作模块化教学精细培养的需要，形成根据学生情况教师团组式分工设计教学模块，学生小组式学习的模块化教学。

（三）"科创融合"提升服务能力

软件技术专业人工智能教学团队围绕"云智"融合开发领域企业

的关键岗位和核心技术模块，形成以龙头企业为核心，以岗位"技术链"和"技术模块"为单位的校企融合科研攻关团队机制。进一步增强团队参与产业链上下游的系统性、协同性，形成"聚而优"的产业链与人才培养链的结合生态。参与研究并协助解决上市公司金溢科技智慧停车项目、信方达会议室视频监控相关技术开发等生产一线课题，并及时将企业典型项目编入教材，通过与校企共建产业孪生的新技术实训基地和研发中心，实施校企"双导师制"。

（四）"院校融合"提高协同动力

作为首批国家级职业教育教师教学创新团队，软件技术专业人工智能教学团队在 AI 专业领域设立 1 项主课题、3 项一般课题和 2 项实践课题，形成了深圳信息职业技术学院牵头，广东科干、湖北职业等 5 所高职院校及相关 500 强、产教型融合企业共同参与的教学团队共同体，建成校企双赢的双元合作机制。6 所院校不断加强校际协作，并加强与清华大学工程训练中心的紧密合作，制定了《AI 领域教师教学创新团队章程》等规章制度，联合开展专业教学标准研制和共享课程开发，强化目标管理与过程管理。同时，联合企业共同举办师资培训，积极发挥国家级职业教育教师教学创新团队的示范引领作用。

三、举措

院校、校企合作，切实打造命运共同体。院校、校企合作及产教融合贯穿了"三教"改革的主线，内培外引，打造极具特色的校企合作课程，让高职院校与企业建成"共商、共建、共管、共享、共赢"的协同发展合作机制。

（一）完善培育机制，内培外引打造创新团队彰显示范

以软件学院"全国党建工作标杆院系"为引领，团队充分发挥了党建在教学团队建设中的领航作用。通过推进实施"领雁培育计划"，构建全员、全过程、全课程育人格局，教学团队建设与思政教育同向同行。围绕人工智能技术与应用国家教学创新团队的布局发展以及软件技术"双高计划"专业群的建设，团队引企入校，将校企深度融合，柔性引进了国家杰青、鹏城讲座教授等优秀人才，携手腾讯、亚马逊等世界 500 强企业引入企业技能大师。

团队立项以来获国家、省（部）级研究课题 18 项，其他各级纵向课题 58 项，累计经费超过 1500 万元；获企业横向资助项目 48 项，累计经费为 1644.95 万元；获国家发明专利 28 项，为国家战略发展和地方经济社会高质量提升提供了新动能。

此外，团队新引 6 名博士教师，开展了《深度学习框架应用开发》《云计算基础》《数据仓库与商业智能技术》等新技术课程教学和创新研发工作，并促成新教师与学院名师学者"一对一"结对，围绕课程标准制定、教学资源提炼、项目实践创新、信息化教学技巧等方面，落实互听课制度和周汇报制度，全面提升教学实战能力和项目研发能力。

基于内培外引的"领雁计划"培育实施，打造了由国家杰青、珠江学者、鹏城学者、省教学名师、企业技能大师领衔的创新团队"头雁"，带动了团队中青年专兼教师在"1+X"证书制度改革、模块化教学模式创新、"AI+"大数据校企联合研发、新技术教学资源双元开发等多领域的培育和提升。先后立项 4 个省级教研课题和 6 个质量工程项目，通过经费支持、项目契约驱动，打造了一批中坚骨干教师，成功孵

化出了"双带头人"。此外，通过持续"输血式"的一对一帮扶新引进教师，营造出团队"传帮带"的良好梯队效应。

（二）深化产教融合，引领专兼团队深度协同育人

团队以软件与人工智能产业学院为抓手，落地产教融合创新模式。全面掌握了人工智能产业链对高素质技术技能人才的需求，建立了优质资源共建共享机制，全力推动与专业群各专业的对接，实施人才培养和创新研发协同发展的举措。通过携手腾讯、华为、小米、商汤等国际一流企业与学院开展协同育人，与腾讯等企业合作开发小程序"1+X"证书3个。作为共同体牵头单位2020年11月在广州主持AI课程体系建设研讨会，向来自5所院校的20名老师分享了人工智能教学案例，并在12月举行的"全国人工智能技术应用校企合作建设课程教学培训"班授课中系统讲授了人工智能的5门课程，分享了基于"云"的实验环境以及相关教材、教学案例。

根据软件技能递进成长的特点，团队还有针对性地开发了一套支持微专业、面向职业胜任力技能培养的工单式模块化实训教学系统，编写了25本"工单式模块化"实训项目指导书，已经在2020—2021学年投入使用。团队持续输出优质的服务和资源，在业内获得了较大的影响力。

通过建立一师双岗，支持企业深度参与教师能力建设和资源配置，充分调动企业深度参与学院协同育人的积极性，团队引入7名具有企业工作经验的教师作为专业群模块化教学教师，实施了企业教师AB角制度、《常岗优酬引入企业兼职教师》制度、境内外培训提升制度，给予团队专项培养经费支持，确保兼职教师队伍的稳定性和高素质。学校与

企业的合作，将新技术融入专业教学标准建设和课程建设中，并联合开展对外培训与技术创新服务，实现校企双赢。

（三）创新评价机制，项目牵引绩效匹配激活团队活力

团队采取院、校两级管理模式。依据《国家级职业教育教师教学创新团队建设方案》，针对"团队教师能力建设、人才培养与保障、课程体系与教学资源建设、教学方法改革、团队建设示范引领、评价与保障"6个建设任务实施考核举措。首先，由学校人力资源处、教务处、计财处等部门联合参与监督管理和最终考核，充分发挥出团队所在二级学院的自主权开展实施建设和资金分配的优势。其次，由团队负责人牵头，由二级学院各主管（副）院长负主责的是对应的建设模块，实施目标管理责任制下的模块子任务申报与契约管理，按建设年度下拨经费并匹配任务书工作量。结合"双高计划"，建设信息化管理平台，由学院组织年度任务完成情况考核，并直接挂钩团队教师在下一年度的资助经费以及年度工作质量考核。

四、经验

聚智汇力，深化"三教"改革，打造国家级教师教学创新团队。"三教"改革不是简简单单的教学改革，它需要在实践中不断成长、不断收获，以软件技术专业人工智能教学团队的发展实践为指导，对打造国家级教师教学创新团队，有着十分深远的意义。

（一）师德引领，立德树人

作为影响人才培养质量的重要因素，"三教"改革离不开教师的发展，无论是教材的编写、课程的传授，还是教法的实施，都离不开教师

这一关键纽带。要让教师摆脱重科研轻教学的态度，坚持把思想政治和师德师风放在团队建设首位，优化教学方式，提升教学质量，培养团队教师的职业素养和实践能力。此外，教学团队的建设能较好地解决教师队伍中容易出现的学历、经验、教学能力不匹配的问题，一支高质量的教师队伍决定着职业教育的高质量发展。而在科学技术日新月异的背景下，加强师资培训是打造国家级教师教学创新团队的重点，分类型、分层次开展教师国内外培训，培养教学能力、专业建设能力、社会培训能力、科研和技术服务能力、国际化人才培养这5种能力，为培养出高端技术技能人才提供坚实的支撑。

（二）合作共赢，协同育人

合作发展是职业教育人才培养的关键一步。首先在校校合作方面，软件技术专业人工智能教学团队作为共同体牵头单位，改变了传统的教学方式，创新合作机制，瞄准技术变革和产业优化升级的方向，针对"1+X"证书制度改革、双元育人、模块化教学、教师协作创新等方面开展专题研究和实践，实现各校优质师资、网上教学资源共享，让更多学生学习到新知识，使教学更加动态化、立体化，教学质量得以提升。其次强化产教融合、校企协同合作，打造"产学研用服"高度融合共同体，联合世界500强开展技术服务，开展社会培训，使知识与技能、教育与产业达到相促相融，促进人才培养质量得到全面持续提升，吸引更多人接受职业技能教育，促进人才培养与产业创新的有效衔接，培养更多高素质技术技能人才。

（三）课程重构，深化创新

课程作为连接教育过程与人才培养的桥梁，在职业教育改革中有着至关重要的作用。尤其在产教融合的背景下，若课程教学与企业实际不相符会有碍学生的学习与发展。因此，首先，要基于职业工作过程重构课程体系，对接"1+X"证书，实现课证融通，构建专业"活模块"课程体系是教学创新团队建设的重点；其次，要分工协作开展模块化教学模式改革，专任教师与兼职教师共组团队，协同开展课程模块化教学设计与实施；最后，要在课程中纳入新技术、新规范、职业标准、工作过程，编写工单式实训项目指导书，"+AR/+VR"信息化助力课堂革命，将课程体系与相应职业技能相融合，开展模块化教学改革，深化教学改革创新，努力建成高水平、高层次的技术技能人才培养体系。

（四）专业深融，助力未来

以职业能力递进培养和持续强化岗位必备技能为要求，在满足学生综合素质全面培养需求的同时，教学团队将与企业在共同研发过程中形成的案例快速转化为系列微视频、微课、活页式指导书等具体教学方案，推动小步快跑式的微专业教学改革。聚焦学生关心的就业问题，形成了及时捕捉产业高端就业岗位的新技能，以便捷有效的微课建设为载体，根据学生特点与岗位能力要求进行微课组织形成教学模块。

（撰稿人：蔡铁、马国栋）

案例2：多措并举，打造一流的国家级集成电路教学团队

一、举措

我国集成电路经历"卡脖子"事件后，目前国内不论是晶圆制造、

封装测试，还是 IC 设计等各个行业，都极度欠缺具有工程经验的高端技能人才。教师是培养人才的第一要素，因此，打造一支能胜任集成电路高端技能人才培养的教师团队尤其重要。我们要通过制度建设、内培外引、建设平台、绩效激励等打造一支集成电路领域全国唯一具有工程经验的双师高学历师资团队。

二、成效

完善制度，培养高水平"双师素质"师资团队。专业群教师"双师素质"比例 100%，博士化率超过 80%，在制度上建设了教师分类成长机制，出台"深信优青""深信学者""深信名师""卓越双师"等相关文件，为教师成长提供支持和激励政策，已有 3 名教师被认定为"深信学者"，7 名教师被认定为"深信优青"。此外，试点混合所有制改革，制定"双聘制""教师下企业"等制度，聘任企业高层次工程师 6 人，同时，专业群已安排专任教师下企业 21 人。

内培外引，优化团队成员结构。强化校企协同育人机制，对标国际一流高职教师团队，"筑巢引凤，内培外引"，引进了加拿大工程院院士杨军教授、国家青年千人胡广志教授、中国科学院大学纳米科学与技术学院院长王中林院士、国家 863 计划首席专家忻向军教授等国家级人才，组建了大咖技术研发团队。专业群先后申请国家基金 3 项、省基金 6 项，获得技术攻关项目 32 项，解决"卡脖子"应用技术重点攻关与"卡脖子"技术转换省级奖 1 项，获得科学技术奖省级奖 1 项，累计项目到账经费 4666.62 万元，产生经济效益 1.518 亿元。引培了来自企业的 3 名省级高层次兼职教师黄小东、邬源忠和皮永辉，其中邬源忠成立了"邬源忠信息通信网络终端'芯片级'维修技能大师工作室"，充分发挥了行业大师名匠的作用；另一方面，专业群培养了"全国先进工作者"、珠江学者特聘教授、深圳市地方级领军人才王新中教授，入选国家万人计划的教学名师刘俊教授，广东省高等职业教育专业领军人才许志良教授，广东省珠江学者特聘教授管明祥教授，世界技能组织光电技术赛项技能竞赛经理马艳红副教授，深圳市鹏城学者李世国教授等一大批领军人才。专任教师陈骏安凭借着执着专注、精益求精、一丝不苟、追求卓越的工匠精神，先后获第一届中华人民共和国职业技能大赛光电技术项目金牌、"广东省五一劳动奖章""广东青年五四奖章"、"全国技术能手"称号。

搭建技术技能平台，培养卓越创新型教师团队。专业群依托"芯火"产业学院等一批 ICT 特色产业学院以及深圳电子信息产业技术研究院等一批技术技能平台，组建科研团队 14 个，获得国内专利及软件著作权 20 项，国际 PCT 专利 2 项，发表科学引文索引（SCI）/工程索引（EI）论文 54 篇；组建国家级优秀教学团队 1 个、省级优秀教学团队 2 个；培养了省级优秀青年教师 1 人，珠江学者 3 人，鹏城学者 2 人，行业权威专业带头人 7 人；专任教师获得华为中高级认证 27 人。

第二节 加强内涵建设，建设混合式立体化教材体系与教学资源

案例1：打造高职"金课"，建设线上线下混合式教学资源

一、背景

随着新一代信息技术的发展及教学理念的革新，数字化教学已成为高校教育方式的主流，推行线上线下混合式教学势在必行。应充分发挥在线教学的优势，深化三教改革，实现"线下教学"与"线上教学"的有效融合，以学生为中心，淘汰水课，打造金课，助力"双高校"线上线下混合式教学改革，使学校线上线下混合式教学改革走在全国职业院校前列。

二、目标

充分发挥课堂育人主渠道功能，坚持以学生为中心的教学理念，开发立体化的高质量教学资源，统筹学校、企业、社会教育资源，全面融合线上和线下教学优势，增强课堂互动，提高课堂教学效率及质量，实现教学资源标准化、流程化、学习便利化，形成线上线下相结合的混合教学新模式。学校鼓励教师充分运用信息技术深入推进课堂教学改革，变传统课堂的学生被动接受为主动思考，支持学生差异化、个性化学

习，提高学生学习的积极性和主动性，拓展学生学习的广度与深度，逐步实现"以教师为引导、以学生为主体"的"多维互动，互补融合"的线上线下混合式教学，促进学校教学质量和人才培养质量的整体提升。

三、举措

（一）校企共同开发专业标准与课程资源

学校高度重视校企共同开发教材建设工作，吸收行业企业技术人员、能工巧匠等深度参与教材编写。紧跟产业发展趋势和行业人才需求，及时将产业发展的新技术、新工艺、新规范纳入教材内容，培养高素质的技能人才。2021年，学校进一步深化产教融合、校企合作，对接产业新需求，校企共同开发专业教学标准、课程标准、教材和课程教学资源，实现专业设置与产业需求、课程内容与职业标准、教学过程与生产过程、核心技能与关键岗位的"四精准"对接，实现了优势互补、资源共享、人才共育。

高度重视标准建设工作，将行业、企业岗位需求有机融入教育教学各环节，努力打造高水平的本校特色标准体系。在2021年，学校与合作企业共同开发标准1465项，其中专业教学标准49项，岗位技能等级标准13项，课程标准1403项。

在2021年，学校与深圳市腾讯计算机系统有限公司、华为通讯有限公司等知名企业共同开发教材276项，其中出版教材14项、校企共同开发校本教材262项、立项校级项目化活页式教材100项，周德伟老师主编的《MySQL数据库技术（第2版）》及万守付老师主编的《电子商务基础（第五版）》两部教材都获评全国优秀教材（职业教育与继续教育类）二等奖。

（二）校企共建虚实结合的前沿创新实训场所

学校遵循"校企合作共建，融教学、培训、职业技能鉴定和技术服务'四位一体'的校内实训基地"建设模式，通过学校自建、校企共建和企业捐建等方式积极增强校内实训基地的实力，使实训基地的发展始终紧跟新技术、新工艺的发展步伐，目前拥有大数据应用技术职业能力培养虚拟仿真实训中心、虚拟现实创新实训室、腾讯云开发实训室、智能家居实训室、华为软开云实训室和小米双创人才培养实训室（基地）等一大批前沿新兴技术实训场所，为实训教学、一体化教学、各类竞赛、技能考证和社会服务提供了重要支撑。校现有教学实训（验）室 244 间，覆盖通信类、计算机类、智能制造类和财经管理类等专业的实训基地，工位共计 24265 个，其中国家级高等职业教育实训基地 5 个，省级高等职业教育实训基地 16 个，省级公共实训中心 1 个，省级虚拟仿真实训中心（基地）2 个。面向学生开放，为学生创造良好的学习环境，在实训教学中培养学生创新创业精神、职业创造能力。

（三）校企共建丰富的课证融通教学资源

学校开展了 40 个 "1+X" 证书试点。2019 年参与试点 3 个教育部首批 "1+X" 证书和 5 个第二批 "1+X" 证书，截至 2021 年，试点证书为 40 个，试点专业 42 个，试点专业覆盖率为 85.7%，获批试点任务人数为 2732 人，已完成学生培训 2683 人，已考核 2424 人，完成考核率 88.73%。

按照职业技能等级标准和专业教学标准要求，学校于 2020 年 12 月正式出台 "1+X" 证书试点推进工作意见，将证书培训内容与专业人才培养方案有机融合，优化课程设置和教学内容，将"1+X"证书作为毕业条件的专业技能证书之一。

依托"1+X"证书试点工作，持续推进教师、教材、教法"三教"改革。鼓励教师参与制定职业技能等级标准，与合作企业开发"1+X"证书相关的活页式、立体化教材，其中，《"1+X"财务共享服务实务》等教材已投入教学使用中。实施模块化教学、项目化教学和分层教学改革，把"1+X"考证内容解析成一系列课程模块，根据专业教师的优势与特长，进行集体协作的模块化教学。

目前，学校已申请开放 21 个证书考核站点，已满足职业技能等级证书考试硬件及软件要求，并已上报广东省 1+X 证书制度试点办公室进行备案，除了满足自己学校学生的考证工作，同时可承接其他院校或社会性的考证工作。

四、成效

学校较好地适应了教与学的数字化转型新趋势，建成一批混合式精品教学资源。目前已建成 2 个国家级专业教学资源库和 7 门国家级精品资源共享课程，省级精品开放课程 35 门（其中精品资源共享课 23 门、精品在线开放课程 12 门），以教学资源库和精品开放课程项目建设为抓手，不断推动课程资源的数字化、网络化，实现专业教学资源共享。在2021 年，学校与合作企业共同开发课程 530 门，校企共同开发数字化资源 112 项，不断增大优质教学资源供给，以满足信息化教学和学生个性化学习需求。

（一）国家级成果

获国家级项目 7 项：全国优秀教材（职业教育与继续教育类）二

等奖 2 项,虚拟仿真实训中心 1 项,"十四五"规划教材 4 项。

(二)省部级成果

获省级项目 30 项:教学改革研究与实践委托项目 2 项,现代学徒制试点专业 2 项,高水平专业群 8 个,"课堂革命"典型案例 4 个,教学成果奖 7 项,精品在线开放课程 3 项,产教融合实训基地 2 个,虚拟仿真实训中心 2 个。

表 4-1 2021 年教学项目建设成果一览表

序号	项目级别	项目类别	项目名称	负责人
1	国家级（7 项）	全国优秀教材（职业教育与继续教育类）二等奖（2 项）	MySQL 数据库技术（第 2 版）	周德伟
2			电子商务基础（第五版）	万守付
3		虚拟仿真实训中心（1 项）	5G 全场景全业务职业教育示范性虚拟仿真实训基地	管明祥
4		"十四五"规划教材（4 项）	信息技术	王寅峰
5			MySQL 数据库基础实例教程（第 2 版）	周德伟
6			移动应用设计与开发	陈煜
7			基于 Linux 的物联网应用开发基础及项目实战	罗德安
8	省级（30 项）	教学改革研究与实践委托项目（2 项）	计算机类职业技能等级证书考核成本论证研究	王晖
9			传感网应用开发职业技能等级证书考核成本论证研究	许志良
10		现代学徒制试点专业（2 项）	机械设计与制造	张振久
11			智能控制技术	李庆亮

序号	项目级别	项目类别	项目名称	负责人
12			环境工程技术	钟润生
13			数字媒体技术	高西成
14			金融服务与管理	张立军
15		高水平专业群（8个）	电子商务	邓之宏
16			商务英语	程建伟
17			微电子技术	丘聪
18			云计算技术应用	柳伟
19			智能控制技术	姜俊侠
20			见微知著，分条析理——破解机器学习的数学密码	朱文明
21	省级（30项）	"课堂革命"典型案例（4个）	" 规—建—维—优 " 学5G——"德智共育"线上线下混合式教学改革实践	郭丽丽
22			破解枯燥 激活内力 生成秩序——商品编码实训"自组织"课堂模式创新构建与成功实践	安冬平
23			思政铸魂、科技赋能、畅游金融	张嬿
24			教学成果奖（特等奖1项）	许志良
25			教学成果奖（一等奖2项）	柴璐璐
26		教学成果奖（7项）		林徐润
27				湛邵斌
28			教学成果奖（二等奖4项）	谭旭
29				管明祥
30				姜俊侠

续表

序号	项目级别	项目类别	项目名称	负责人
31	省级 （30项）	精品在线开放课程 （3项）	新理念英语 English For You	郭晓丽
32			职业形象与礼仪	李华
33			餐饮服务技能	吉洁
34		产教融合实训基地 （2个）	集成电路设计及应用实训基地	李世国
35			人工智能人才培养与技能提升实训基地	张健
36		虚拟仿真实训中心 （2个）	软件技术云端工匠虚拟仿真实训基地	王寅峰
37			通信网络虚拟仿真实训中心	叶剑锋

案例2：建设智慧教学支持环境，打造信息化教学新模式

一、思路

坚持信息化教学理念，依托智慧教学支撑平台，开发线上学习资源和实践资源，推行线上线下混合式教学，使学校线上线下混合式教学改革走在全国职业院校前列。分批打造全新的智慧教学支持环境，突破传统教室对新型课堂教学模式的束缚，实现高质量教学资源、信息资源和智力资源的共享与传播，截至2023年建成100间智慧教室和20间数字实训室，为以信息化为特色的"深信"教学模式的形成提供硬件支撑。

二、做法

第一，搭建了基于 Blackboard 网上教学平台、学堂在线、职教云平台三大顶尖教学资源平台，以及雨课堂、腾讯课堂、腾讯会议、华为 WeLink、钉钉五家主流直播工具构成的"3+5"在线教学平台体系，保证了已建教学资源的可延续性，又满足了不同课程对平台的个性化需求。特别是疫情防控期间，通过多平台并行，有效分散了 12000 余名师生同时在线教学给平台造成的压力，规避了技术风险，保障了在线教学的顺利开展，助力线上线下混合式的"教学—模式"由教学新样态变为教学新常态。

第二，制定了《深圳信息职业技术学院线上线下混合式教学管理办法（试行）》《深圳信息职业技术学院线上教学质量监控与评测工作执行细则（试行）》，成立了线上线下混合式教学领导小组和教学实施工作小组，开展了线上教学质量监控和评测。疫情防控期间，制定了在线教学的"云标准"，开展了在线教学"云指导"，保证线上教学平稳有序高质量开展，推动在线教学从"应急之举"到"常态之策"再到"高阶课堂"，促进了学校教学质量和人才培养质量的整体提升。

第三，2020 年建设 4 间样板间智慧教室（含大、中、小教室和阶梯教室各 1 间）试用。2021 年根据试用情况并结合我校实际完善智慧教室的建设标准，批量建设 50 间成熟的智慧教室。2022 年在普通多媒体教室的基础上增加智能录播设备，建成具备录播及互动功能的 50 间普通智慧教室。

第四，基于物联网技术，建成 20 间集智慧课堂、卫生安全、用电安全、远程控制于一体的新型现代化智慧实训教室，为师生提供优质的教学环境。

三、成效

第一，2019—2021 年线上线下混合式教学课程占 86%以上，超前完成线上线下混合式课程建设任务。线上教学质量监控与测评小组从课程教学理念、课程目标设置、课程教学设计、课程内容结构、课程组织实施和课程管理评价等多方面进行综合考量，并对教学资源的数量和质量、教学使用情况、线上互动及教学效果进行测评。

第二，完成 54 间智慧教室建设，实现了一地授课多地同步学习，课程结束即可形成系列化的微课资源，师生灵活互动，教学资源实现"双向速递"；智慧教室可以通过情绪分析和人工智能技术，对学生上课情绪及教学大数据进行分析，实时获取学生课堂表现，评估课程教学质量。智慧教室的投入使用突破了传统教室对新型课堂教学模式的束缚，方便教师开展翻转课堂和混合式教学，提升教学的有效性。

第三，已完成 20 间数字实训室建设，除满足智慧教学需求外，还可实现教室的空调、新风、灯光、投影机、卫生消毒的策略化管理的智能联动，为教育教学、教务管理、考务管理以及学生管理提供更为智能、高效和有力的物理环境支撑和信息传递交互环境支撑。智慧学习支撑环境的建设，实现了高质量教学资源、信息资源和智力资源的共享与传播，正逐步形成以信息化为特色的"深信"教学模式。

精品录播智慧大教室　　　　精品录播智慧中教室　　　　精品录播智慧小教室

总控室

图 4-1　样板间智慧教室

案例 3：建设下一代高速校园网，打牢校园网基础底座

一、思路

学校校园网始建于 2011 年，采用以太网的三层架构，四台核心网状互联，千兆到桌面，万兆上联，出口带宽 1.3G。学生公寓由中国电信、中国移动、中国联通 3 家共同运营，学生自主选择运营商及宽带套餐，采用 PPPoE 拨号技术，直接由各学生宿舍汇聚接入运营商。

随着学校的发展，新需求和新应用下校园网络的问题凸显：设备老旧，故障率高；主干性能不足；出口带宽不足；学生宿舍 PPPoE 拨号后（公网）无法便捷访问校内资源；校园账号和运营商账号并行，多账号体验差；流量不均衡（课时教学办公区流量过载，学生公寓出口闲置,课后相反);打印机、门禁等物联设备入网问题突出。

针对实际碰到的问题,我校调研并借鉴了诸多高校校园网建设经验,对整体架构进行了重新设计,采用了极简大二层设计,主要特点为:强核心、轻接入;统一网关、统一认证、统一策略;管理简化;二层业务直通;兼容无(品牌)绑定。2019 年启动校园网整体改造方案和调研工作,采用分步分阶段改造和实施,目前取得了良好的效果。

二、做法

2021 年,全面实施了校园网整体改造方案,完成了出口、核心及数据中心网络的升级改造,主要改造措施如下:①简化网络管理。核心交换机作为整网的 IP 网关和认证网关,策略配置上升,接入和汇聚交换机仅做简单的二层转发和隔离,简化管理和运维。②校内资源便捷访问。学生一次登录即触发二次认证,成功登录可联通校内校外网,解决了原校内资源访问不便难题。③一号通用。通过学号绑定运营商账号,学生在校内任意地方上网使用学号即可,解决多账号认证问题。④流量负载均衡。改造后,学生在校园任何区域均使用运营商出口,不占用学校原教学办公区出口带宽,解决了不同时段不同区域流量不均衡的痛点。⑤多网融合。基于软件定义网络(SDN)灵活构建业务网络,一套物理网可承载多个业务网,在物理网中构建虚拟化业务专网,如在校园网上设计物联专网,无须考虑端口位置,实现物联设备灵活接入。

2021 年年底改造完成后,校园网主干带宽达到 160G,总出口达到 34G,计算资源达到了 4524 核心,存储空间共计 2.4336PB,无线接入容量 15765 人。全网性能得到极大提升。

三、成效

改造后，解决了新技术、新应用、新需求带来的性能不足、流量不均衡、多账号、物联入网等困扰多年的难题，全面提高网络整体性能和可靠性，校园信息化基础设施处于全国高职院校领先水平。

通过校园网整体升级改造，建成高速、稳定、安全的智能感知网络环境，全面适配不同应用，将多运营商网络与校园网深度融合，是互联网新技术在校园网复杂场景中落地应用的典范。

第三节 强化技能形成，建设高水平产教融合型实训基地

案例：以"机制+平台"优化实习管理为 小切口的学生评价改革探索与实践

一、问题

《中共中央 国务院深化新时代教育评价改革总体方案》指出，"德技并修、产教融合、校企合作、育训结合、学生获取职业资格或职业技能等级证书"等是健全职业学校评价的重点。作为职业教育重要的教学环节，实习既是专业学习和技术技能训练的必备途径，也是锤炼意志品质、提前熟悉岗位、引导融入社会的重要方式，必须高度重视、规范管理。

因此,如何借力优化实习管理的"小切口",获取学生评价改革的"大实效",已成为深化新时代职业教育评价改革的一个关键所在。尤其是面对学生规模逐年增加、实习单位日趋分散、信息时代科技发展、市场需求千变万化等新形势,如何增强职业教育的适应性,通过实习活动将学生更多更好更快地推向市场,适应市场,赢得市场,已成为摆在职教人面前的头等课题。

二、举措

深圳信息职业技术学院(以下简称"深信院")以学生技能培养为核心,一手抓机制,助力产教融合;一手建平台,提升实习效能,校企联动有效提高了实习管理效果和人才培养质量。

(一)高度重视,制度先行

深信院将深化教育评价改革列入历年的《学校年度工作要点》,并出台了《推进落实教育评价改革工作方案》《关于新时代推进落实学生评价改革的指导意见》《学生实习实训管理办法》《学生实习和校外公共实训基地申请财政补贴管理办法》等文件,明确加大对职业教育校企合作的扶持力度,对被认定为深圳市校外实习实训基地的企业,以基地一次性容纳实习实训的学生数量为基数,按生均1万元的标准一次性核拨建设经费,并按实际接收实习实训学生人数以每人每月300元的标准给予补贴,参加实习学生每人每月可享受650元生活补贴。牵头组建深圳信息职业教育集团,当选粤港澳大湾区职业教育产教联盟理事长单位(图4-2)。同时,成立了以校长为组长的"1+X"证书制度试点工作领导小组开展试点工作。

图4-2　粤港澳大湾区职业教育产教联盟2021年度理事长会议在深信院召开

（二）顶层设计，目标精准

实施深信"1234+X"特色人才培养模式改革（图4-3），培养具有家国情怀、国际视野、信息素养、文化底蕴、专业技能、创新实践、健康身心和工匠精神的"两好"（素质好、技术好）、"两强"（实践能力强、适应能力强）大国工匠。其中"1234"指"一中心：以学生全生命周期发展为中心；二服务：服务产业经济发展、服务学生成长成才；三全程：价值塑造贯穿人才培养全过程，创新能力培养贯穿人才培养全过程，项目实践贯穿人才培养全过程；四融合：产教科融合、岗课证融合、价值塑造与核心能力融合、技术技能与文化素养融合"。"X"指各专业（群）特色人才培养模式。

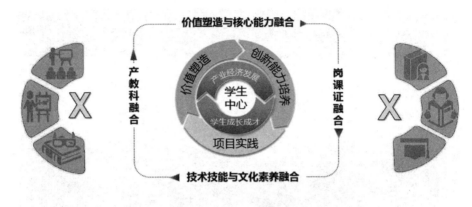

图 4-3　深信"1234+X"特色人才培养模式

（三）优化资源，搭建平台

依托深圳信息产业优势和学校高水平专业群全力引进"名企进校园"（世界五百强、中国五百强企业、国家级高新技术企业），联手华为、大疆、平安银行等行业领军企业，共建鲲鹏、芯火、商汤、深信服等 13 个高水平产业学院。使每个二级学院形成"头部企业+国家级高新技术企业+优质企业"的多层级金字塔式实习就业合作企业结构。每年投入 1000 多万元进行课程、教材等资源建设，"双高校"建设以来，14 门省级精品资源共享课程及 8 门省级精品在线开放课程通过验收，4门在建。25 部教材入选国家"十三五"规划教材，4 部教材获工信部"十四五"规划教材立项，2 部教材获评全国首届优秀教材二等奖，有效促进了核心技能与关键岗位的精准对接。

（四）课证融通，育训结合

将证书培训内容融入课程设置和课程标准，纳入毕业条件，"1+X"证书与相关课程可进行学分置换等有效融通。2021 年获批沿用批次试点 8 个证书，共获批试点任务数为 707 人，完成考核率 100%；2021 年申报获批试点 35 个证书，已完成学生培训 2683 人，考核 2424 人。与合作企业开发"1+X"证书相关的活页式、立体化教材多部，如《"1+X"财务共享服务实务》等均已投入教学使用。

（五）严格标准，把好出口

以《职业学校学生实习管理规定》（2021）为指导，采用企业评价与学校评价相结合、过程性评价与总结性评价相结合的方式开展学生实习鉴定，同时开展实习单位绩效评价工作，实施"黑白名单"准入和动态调整，提升实践教学质量。完善过程性考核与结果性考核有机结合的学业考评制度，引导学生树立良好学风，确保学生足额、真实参加实习。

（六）创新手段，精准管理

深信院引入实践教学管理信息化平台"习行"系统（图 4-4），将实习信息采集、方案制订、过程管理、成果评价及安全管理等工作全面纳入平台，借助平台资源共享和存储优势，发布岗位实习企业、实习签到、周记批阅、预警信息，监督各学院落实岗位实习主体责任，充分利用平台实施全过程管理，确保岗位实习工作有序开展，提高实习管理质量，同时通过线上线下融合管理的方式，杜绝 1 个"严禁"、27 个"不得"情形的发生。

图 4-4 实践教学管理信息化平台"习行"系统

三、成效

（一）产教融合，建设了一批合作基地

深信院现有电子信息类、智能制造类和财经管理类等相关专业 49 个，实践性教学学时占总学时平均比例超过 58%。现有包括 5G 全场景全业务职业教育示范性虚拟仿真实训基地等国家级基地 5 个、省级基地 34 个、市级基地 44 个、校级基地 298 个，生均工位数 1.82 个，为实训教学、竞赛、考证等提供了重要支撑。

（二）立德树人，培养了一批优秀学生

深信院落实立德树人根本任务，以学生全面发展、个性成才为中心。信息类专业学生获得行业认可的顶级证书比例达 3%，信息技术领域毕业生获得知名行企认证的高级工程师证书（如 HCIP、CCNP 等）比例达 25%，毕业生获得两个以上职业技能等级证书比例达 89%。在近五年职业院校学生参加专业技能大赛中（图 4-5），获得省级奖项

297 项，其中国家级奖项 30 项。获第六届中国国际"互联网"大学生创新创业大赛国赛银奖，培育孵化千万级企业 2 家。毕业生就业率超过98%，起薪超过全国双高校平均水平。

图 4-5　学生参加全国职业院校技能大赛

（三）形成体系，入选了实习管理 50 强

形成契合粤港澳大湾区区域经济发展和职业人才培养需求的高水平现代职业院校实习管理体系。深信院通过"政校行企"多方协同，搭建实践教学综合服务平台，不断完善实习管理制度，优化实习管理工作流程，落实实习管理主体责任，加大实习经费保障力度，实施实习信息化全过程管理，形成了具有"深信"特色的实习管理体系，入选"全国职业院校实习管理 50 强"。

第四节 融入新兴信息技术，建设一体化智能化教学平台

案例：以物联网改造升级数字实训中心，打造新型智慧实训室

一、目标

数字实训中心物联网改造升级是基于物联网技术，集智慧课堂、环境调节、卫生安全、用电安全、信息互动、远程控制、互联网教学于一体的新型现代化智慧实训教室，通过数字实训中心项目的建设，实现多媒体教学、智慧教学、创新教学。

智慧教育是教育信息化的高端形态，智慧校园是智慧教育的重要支撑，移动互联网技术融合智慧教育创新发展，可以使教育教学和管理平台更加完善，网络化、数字化、智能化的新型教学资源更加充实，实现教学资源的统一和共享，促进学习环境、教学方式和管理方式的智慧化变革。

高水平数字实训室是一个集人才培养、资源共享、技术创新和社会服务于一体的"产教共同体"，是一个具有辐射引领作用的高水平专业化、生产和教育一体化创新平台。利用先进的物联网技术，通过各种采集设备收集校园环境和人群信息，然后利用大数据等技术全面分析收集到的信息，最后将分析结果投入具体的学校教学、管理、科研、服务等工作中，为高水平数字实训室提供了技术上的保障，建设信息时代的教育新秩序、新形态。

二、问题

数字实训中心升级前使用的是知行楼5栋建设于10年前的20多间实训室，实训室环境和空间布局老旧，使用技术相对传统，覆盖专业多、课程内容繁杂，软硬件管理维护难度大、教师教学和学生实训使用效率低的问题有待提高。

三、举措

升级后的数字实训中心是物联网等新一代信息技术与现代实训室相结合的产物，也是现代实训室发展模式转型升级的结果。实训室不仅可实现室内的空调温湿度调节、环境中二氧化碳通风、光照度与灯光、投影机、卫生消毒等教学环境监测与教学环境保障设备间的策略化管理的智能联动，同时可为教学任务、考试等教学活动提供一个更为高效的网络化平台，进而对教育教学、考务管理以及学生管理提供更为智能、高效和有力的物理环境支撑和信息传递交互环境支撑，更可基于动态学习数据分析和"云+端"的运用，实现教学环境自动化、评价反馈即时化、交流互动立体化、资源推送智能化，构建大数据时代的信息化课堂教学模式。

数字实训室具有如下十三个方面功能。

（1）智能灯光控制：智能开关通过物联网协议远程控制，该功能可实现对灯光的远程和集中智能化控制。

（2）护眼灯光及控制：部署护眼灯保护学生眼睛，使数字实训室上课时的光强处于人眼舒适区间。

（3）智能化用电管理：智能用电系统，通过部署智能插座、空开，可实现对实训室中的用电设备管理、智能分析、用电安全以及用电数据监测等。

（4）投影仪智能化管控：隐藏式高亮度超短焦投影仪，可提供150寸的大画面展示窗口，方便学生观看，解决教师被投影灯光晃眼的问题，激光光源大大延长了产品的使用寿命，同时通过红外遥控器接收智能网关的控制命令来实现对投影仪进行智能化管控，如远程打开/关闭投影仪、定时开启等。

（5）温湿度自动调节系统：数字实训室中的空调通过红外遥控器远程管理，在实训室中再部署温湿度传感器，来实现温湿度的自动调节。

（6）环境监测：数字实训室环境监测系统是为了让学生在良好的环境下学习，检测空气质量，包括温湿度传感器、PM2.5、二氧化碳、甲醛、总挥发性有机化合物（TVOC），一旦有异常环境，将马上获知并处理，并联动新风机进行空气治理。

（7）智能门锁/门禁管理：部署智能门锁/门禁，实现对教师进出办公的智能管理，可按时间策略、上课策略等进行情景控制。智能门锁/门禁支持密码、IC卡等开锁方式。

（8）智能窗帘控制：智能化管控窗帘，远程管理，策略联动。

（9）情景开关面板：情景面板为教师、管理员提供一键情景设定管理，方便对于数字实训室电器设备的统一管理，提高管理效率。

（10）卫生安全：减少接触和杀毒及良好的通风是卫生安全的有效策略，本系统通过程序策略设置可以免去人员开关设备，吊装在天花板上的话筒可以免去教师接触而实现扩声的目的，设备的自动紫外线杀毒系统可以对空气消毒，为避免紫外线工作时对误入的师生造成伤害，系统可以在预定的特定时间段进行消毒消杀作业，在消杀过程中有人员开门或出现人、物活动轨迹时，系统会自动停止作业。

（11）扩声系统由吊麦、扩声主机及配套的天花板教学功放音箱组成。吊麦吊顶安装，不受粉笔灰的影响，也不易受到人员损坏，拾音范围可达 4~6 米，教师可以在讲台区域自由走动并轻松上课。扩音系统采用高速数字信号处理（DSP）数字浮点运算技术，内置自适应反馈技术（AFC）、自动降噪技术（ANS）、抗混响技术、声场检测等技术，能够在走动和声压级变化过程中，都不会引起任何啸叫，提高整个实训室声压级，提高声场均匀度，满足教师和学生对音频响度的需求。无线麦扩声或课件播放，录制的声音清晰自然。环境声场检测功能对接大数据平台：呈现出混响时间、环境噪声、频率响应、语音传输指数（STI）等参数的检测数据。

（12）使用智慧班牌可同时对电子班牌、信息发布屏、LED 屏进行信息发布与管理；学校可根据自己的办学理念和办学特色来自定义电子班牌的显示界面；电子班牌可展示周课表，进行课表查询。

（13）以上所有功能都可以通过统一的监控中心实现集中运维管理及数据的可视化呈现。

四、成效

本项目设计按照《广东省教育厅关于高等学校实验室安全建设与管理暂行规定》的最新要求执行，在常规管理上创新地引入了物联网技术，把传感器、感应器嵌入或安装到实训室中，并通过有线网络或4G/5G、Wifi、蓝牙、紫峰（ZigBee）、罗拉（LoRa）等无线通信技术，以及用物联网平台远程监测、管理、运维实训室中的电器设备，实现对于实训室电器的自动化管控。实训室不仅可实现教室的空调温湿度调节、环境中二氧化碳通风、投影仪、窗帘、照明等教学环境监测变量与教学环境保障设备间的策略化管理的智能联动，还可实现教学环境水电气门窗自动化，评价反馈即时化，落实防盗、防意外伤害事故的安全防护措施智能化，构建大数据时代的信息化课堂管理模式，建设物联时代的安全新秩序、新形态。通过前端智能传感器实现对于电器用电数据的采集、传输，平台端的数据汇总、整理、分析，挖掘用电大数据中的潜在价值，为实训中心提供智能化自动化管理。

数字实训中心升级改造是高校机房建设管理的一个典型应用，对于变革传统教学模式、提高管理水平和工作效率具有重大意义。通过物联网、云计算、软件、大数据技术运用，整合资源、创新技术，以实现管理信息化改革为主线，以培养学生创新精神和实践能力为核心，构建信息化、智能化管理的实训室，是促进高职院校实训室开放共享，提高实训室管理能力，提升"双创"教育和社会服务水平的有力举措，为"双高计划"打造技术技能人才培养高地和创新服务平台，为提升校企合作水平、服务发展水平、信息化水平等发展任务提供有力支撑。

青春深信成新锐，勇向潮头唱大风。面向"十四五"与2035年远景目标，信息中心数字实训中心将继续开拓奋进，勇于创新，不断提升服务能力、创新能力、治理能力"三个能力"，按照把双高标杆立起来、把高职本科办起来、把世界名校建起来的"三个起来"的发展目标，努力把学校打造成中国特色世界一流职业学校。

数字实训中心升级改造具有如下四个方面的推广意义。

（1）物联网技术的应用，改进了传统多媒体教学管理方式，减少维护成本，增强管理手段，使得教学更加节能环保、智能化。

（2）通过用物联网平台远程监测、管理、运维实训室中的电器设备，实现对实训室电器的自动化管控；以平台化为建设基础，以应用系统为载体，提供个性化多样化的服务。通过前端智能传感器实现对于电器用电数据的采集、传输；平台端的数据汇总、整理、分析，挖掘用电大数据中的潜在价值，为学校的节能管理提供有力的数据支持。

（3）通过吊装麦克风、紫外线消毒系统、新风系统，探索流行性疾病下大量人员流动的实训室消毒和常态化管理手段，保障师生安全。

（4）舒适美观的教学环境，使广大师生对新技术新设备（如物联网）的感知更直接，教学活动进行得更顺畅。

（撰稿人：盘思乐）

第五节　完善办学质量监管评价机制，
发挥质量保证主体作用

案例："学情循证、师生协同、全程服务"教学质量保障模式

一、目标

中共中央、国务院《深化新时代教育评价改革总体方案》指出：要突出教育教学实绩，把认真履行教育教学职责作为评价教师的基本要求。保障教学质量是学校人才培养质量持续提升、促进教师专业发展、实现学校高质量发展的基础和关键。深圳信息职业技术学院始终坚持以学生为中心，以教学质量为轴心，深化教学管理改革，守好人才培养全过程质量关，以教促学，教学相长，为党育人，为国育才。以此为立足点，"学情循证、师生协同、全程服务"教学质量保障模式（以下简称为"模式"）旨在基于国家对高职院校教学质量保障的政策引领和学校在深圳社会主义先行示范区建设中的使命担当及破解现实痛点的内在需要，从学生中心视角，运用全面质量管理理论，形成行企参与的基于学情循证的教学质量保障系统化解决方案，实现基于人才培养全过程真实学情的教学改进，从而促进学校人才培养质量、教师发展质量、治理能力、社会满意度的提升。

二、问题与应对

（一）教学质量数据生成与应用过程中的结构性问题

针对教学质量数据生成与应用过程中存在的结构性问题，如条件、资源数据多，过程、效能数据少；来自"教"的数据多，"学"的数据少；客观数据多，主观数据少；生成多，利用少等，遵循学生发展规律，构建行企参与的基于"循证、客观、大数据、大样本"的人才培养全过程学情循证评价体系，围绕生源—培养—就业三大关键节点，坚持过程与结果相结合、内部评价与外部评价相结合、诊断与改进相结合，开展包括生源质量、人才培养过程质量和毕业生就业质量评价。

（二）教学质量保障中功利主义倾向日渐浓厚，师生协同发展失衡

制度上，建立支持学情分析→教师教学→学生学习→学情反馈→教学改进的计划、实施、检查、处理（PDCA）全流程；技术上，研发"学习-教学双边支持"教学质量管理平台，将其作用于学生学习、教师教学等模块中，使学情成为教师改进教学、促进专业发展的依据和推力，实现用数据说话，师生协同共进。

（三）教学质量保障活动中，学生参与意识淡薄，持续参与动力不足

建立持续促进学生深度参与教学质量保障活动的全程服务 CLEAR（能力、意愿、激活、要求、回应）机制。包括建立重学导向的教学质量保障组织，实施一系列"参与受益"举措，完善保障制度、标准规

范，开展多形式专项学情调研项目，建立学生一站式教学服务流程，激发学生主体责任意识。

三、举措

针对现实问题，从学生视角，运用全面质量管理理论，开展模式构建与实践（见图4-6）。在教学质量保障实践中，依据来自人才培养全过程的真实学情反馈，实现了基于学情循证的教学改进，助力师生协同发展，促进了学校人才培养质量、教师发展质量、学校治理能力、社会满意度的同步提升。

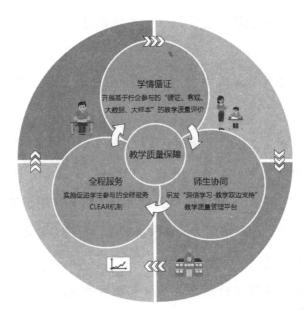

图4-6 "学情循证、师生协同、全程服务"教学质量保障模式

（一）贯穿全程，学情循证，构建了人才培养全过程质量评价体系

针对教学质量数据生成及应用过程中的结构性问题，提出基于学情

循证的教学改进理念，遵循学生发展规律，以人才培养过程为主线，构建实施了基于"循证、客观、大数据、大样本"的教学质量评价。针对进口（生源）—过程（培养）—出口（就业）三大关键节点，坚持过程与结果相结合、内部评价与外部评价相结合、诊断与改进相结合，设计了包括生源质量、人才培养过程质量和毕业生就业质量的评价指标体系。

其中生源质量要重点了解招生情况、学生基础、专业认知、职业期待等方面数据，勾勒学校生源与招生的特点，使学校和教师了解生源特色及质量，制定有针对性的培养战略和策略；培养过程方面重点了解学生对学校在课程教学、学生学习、学生自我报告的教育收获，职业能力发展、以学为中心的大学治理等方面的评价与满意度及企业对人才培养模式和学生就业、实习方面的评价，帮助形成学生视角的学校人才培养的画像，了解学校当前在人才培养方面的优势与问题。就业方面重点监测学生毕业各阶段就业质量和职业发展情况的企业评价和学生自评，旨在描绘毕业不同时段毕业生成长画像，了解毕业生的能力知识掌握情况以及对母校教学、学生工作的评价，从学生职业发展跟踪角度分析培养过程对社会需求的满足程度。

定期采用专项学情调研、系统采集和师生座谈会等形式实施全程动态评价。通过关键绩效指标（KPI）与360°的结合，既着眼于关系学生发展的核心指标，兼顾全面发展的其他指标，形成从宏观到微观、从横向到纵向的学情数据库。

（二）教学引领，数据驱动，研发了支持师生协同发展的质量管理平台

针对教学质量保障中师生协同发展失衡问题，学校立足师生协同发

展，打造教学相长师生共同体，从师生需求出发，建立了基于学情循证的多主体—全过程—多维度—全反馈教师教学质量诊断与改进全流程。研发了集四大功能系统于一体，集成十个子平台的智能校园质量管理平台，智能处理系统以大数据技术为支撑，完成对学生学情和教师教情数据从采集、集成到清洗、整理并服务其他各组件与模块使用的过程；智能教学系统，针对人才培养各环节为学生学习、教师教学提供信息化管理工具和资源；智能管理系统和智能决策系统通过对前期数据的分析为学生学情、教师教情生成精准画像。学生层面，为学生建立个性化的电子档案，涵盖专业学习、素养提升、职业规划等内容，对其成长与发展路径进行分析并给予及时指导；教师层面，进行专业发展、教学质量分析，为教师成长与教学改进提供指导。

（三）流程牵引，持续推动，建立了促进学生有效参与的全程服务机制

根据朗兹（Lowndes）等人提出的影响公众参与的重要因素 CLEAR 模型，建立实施了"组织服务、反馈服务、项目服务、制度服务、流程服务"的促进学生有效参与的全程服务 CLEAR 机制。CLEAR 模型认为，当符合以下条件时，公众参与是有效的：①能力（Can do）——有参与的资源和能力；②意愿（Like to）——在参与中有归属感和认同感；③激活（Enabled to）——能够为公众参与提供便利的渠道和机会；④要求（Asked to）——能够被官方团体和志愿者组织动员参与；⑤回应（Responded to）——能够看到他们的意见被考虑的证据。

CLEAR 模型内容包括建立重学导向的教学质量保障组织（C），实现了全覆盖学情信息收集与反馈网络；实施了一系列"参与受益"反

馈举措（L），如通过调研项目所采集的学情信息为参与学生生成有关教育收获的自我报告，为学生成长给出个性化的建议指导，使学生"受益即时可见"，最大程度激发学生参与教学质量保障工作。

通过生源调查、学生评教、毕业生追踪调查等专项项目牵引（E），驱动学生积极发声，持续增强学生自主管理的意识。出台相关配套制度文件（A），对教学质量保障工作提出明确要求、操作指引及标准规范。

简化学生信息反馈流程，提高问题处理的有效性，建立学生一站式教学服务流程（R）。同时，将过程性数据汇聚到数据中心，实现更多学情数据的无感采集。

四、成效

模式实施以来，纳入学校多项重大项目建设，有效促进学校发展，学生对学校治理总体满意度达 97%。2016 年国家骨干校验收优秀，立项省一流高职院校；2017 年立项省内部质量保证试点后，加大实施力度；2018 年立项教育部第三批现代学徒制试点；2019 年入选"双高计划"建设校，获全国职业院校教学管理等多项 50 强称号。

毕业生就业率达 96% 以上，用人单位满意度达 98% 以上，母校满意度达 98.58%，起薪水平达 5269 元/月，95 人次考获高端证书，众多毕业生被著名企业录用。

学生教学质量满意度达 94.61%，教师教学评价 90 分以上比例提高19.8%，1175 人次获评教学优秀，培育教学提升团队 24 支，荣获 2018年青教赛一等奖，省级及以上教学竞赛获奖 60 项，学校获奖数全省第一。以教学质量为支撑，助力学校取得省级品牌（重点）专业 16 个，国家级精品开放课程7门,教学名师国家级1人、省级4人,教学团队国家级1个、省级9个。

(撰稿人:柴璐璐)

第六节 拥抱大数据变革,加快职业教育治理能力建设

案例:以"数据治理"提升现代治理水平

一、目标

提升信息化水平是双高的建设任务之一,而信息化应用建设是其中的关键环节,是信息化支撑学校教学、科研、管理以及校园生活的重要体现;能否提供让师生满意的信息化应用也是衡量学校信息化水平的重要标志。

在分析出当前我校校园信息化应用发展现状与问题的基础上,借鉴了兄弟院校、政府与企业的建设经验,围绕基于碎片化服务的业务架构模式,建立了校园信息化应用的体系架构;创新了高校信息化应用建设模式,实现了对学校学生工作管理、人事信息管理和公共服务三个领域碎片化服务建设。信息化建设取得了较显著的成效,得到了学校师生、业务部门、校领导以及兄弟院校的认可,具有一定的推广价值。

为顺应国家"走出去"发展战略,提升职业教育发展质量及人才

竞争力，国家提出"双高计划"（中国特色高水平高职学校和专业建设计划），教育部、广东省人民政府也做出联合推进深圳职业教育高端发展，争创世界一流的决策。

我校作为国家"双高计划"院校之一、职业教育创新发展高地"排头兵"，希望通过信息化升级改造，促进信息技术与课堂教学深度融合，打造现代智慧职教，构建职业教育新生态，从而促进学校"双高标杆立起来""高职本科办起来""世界名校建起来"战略目标的达成。

提升信息化水平是我校承担的双高建设任务，我校建校之初就非常重视信息化建设，通过十余年的建设，学校已建成了办公自动化系统、邮件系统、教务系统、考研系统、财务系统等众多业务管理及教学管理系统，已具备较好的信息化建设基础。随着信息化效益的初步显现，尤其是近年来，组织的信息化意识逐步增强，信息化逐步由技术驱动向业务驱动转化，各高校信息化整体建设水平得到了很大的提升，信息系统开始全面支撑学校业务，但是在总体业务架构与数据架构上尚处于无序状态，数据和流程问题依然是高校信息化建设中的两大核心难题，信息应用系统建设无法适应业务需求的快速变化成为矛盾的焦点。

二、问题

近十年我校信息化建设发展迅速，但与其他大部分高校一样，我们数字校园的建设仍是基于信息管理系统（MIS）模式。随着信息化技术的发展，普罗大众信息化意识的提高，师生对信息化的要求水涨船高，该模式的弊端不断暴露出来，主要表现在以下五个方面。

（1）建设周期长。MIS 系统功能大而全，需求调研耗时费力，开发需时也长，往往系统开发好了，需求却已发生变化了。

（2）师生不愿意用。由于系统是以管理者的视角进行的设计，功能过于倾向管理者，普通用户与管理者使用同一套系统对师生不友好。与此同时，很多师生迫切需要的常用"公共服务"却少有系统支撑，师生没有感受到信息化带来的便利。

（3）业务部门不满意。业务需求的多变是一种常态，而 MIS 系统功能变更无法及时响应师生的需求。与此同时，因系统庞大、功能繁多，学习使用系统需要投入太多时间。

（4）校领导对信息化无感知。信息中心无法给出信息化高投入所带来的管理效率提升、服务师生乃至决策支持方面的实证。

（5）信息中心压力大。管理效率的提升源自业务部门的流程变革，跨部门流程来自业务部门间的流程整合优化，管理决策数据的积累来自业务系统的使用，而信息中心承担着各类业务系统安全运维与保障的压力，系统建得越多，信息中心的压力越大，根本无暇顾及普通师生普遍关注的个性化服务应用建设。信息中心的老师走入了一个"越建越忙，越忙越建"的怪圈。

三、举措

（一）重构校园信息化应用的体系

碎片化服务是针对当前高校信息化建设的现状提出的全新的建设方法和建设思路。我们将学校信息化服务中最小颗粒度的业务应用称为"碎片化服务"。这种碎片化服务以解决一个问题（做一件事）为边界，其基本要求为能够完整形成业务应用的逻辑闭环。碎片化服务之间在数据层面互相支撑，在业务逻辑上呈松耦合关系，既相互独立又可进一步整合完成更复杂的业务。

为了解决原有 MIS 系统模式下的种种问题，我们基于"碎片化服务"的理念对数字校园整体重新进行了顶层设计，构建了新型的校园信息化应用体系架构（见图 4-7）。

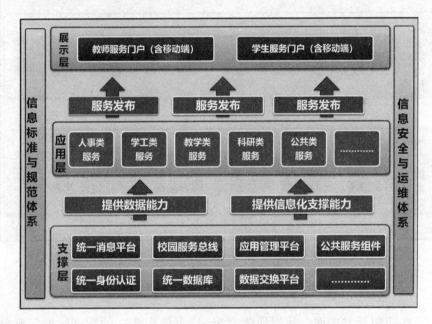

图 4-7　校园信息化应用体系架构图

首先，我们贯彻"大平台、小应用"的原则，在支撑层不断强化基础的信息化支撑能力，建成了包括统一消息平台、校园服务总线、应用管理平台、公共服务组件、统一身份认证、统一数据库、数据交换平台等一系列信息化基础能力平台，提高了信息化支撑能力。

其次，应用层面上，我们强调"细"，用更有针对性的碎片化服务代替"大而全"的 MIS 系统。将业务分解为多个"高内聚""低耦合"

的轻量级应用（如图4-8所示，对人事和学工类的业务分解），增强需求调研的针对性，降低开发难度，缩短建设周期。充分发挥碎片化服务颗粒度小、应用范围明确、角色权限清晰的优势，实现服务应用定点、定时、定人推送，真正做到了个性化服务。

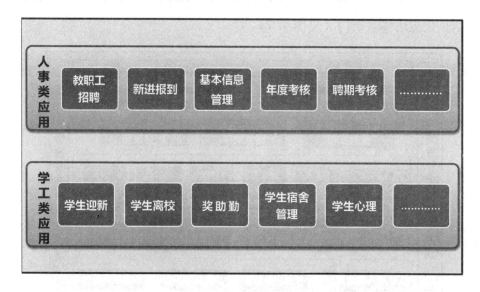

图4-8　业务分解示意图

在应用开发层面，我们强调"统一"，使用统一的数据标准，充分利用支撑层提供的能力支持，即可实现统一数据、统一访问入口、统一身份认证、统一应用管理、统一消息通知、统一数据采集、相似用户界面。应用开发者只需要关注业务的实现，不需要关注获取数据、设置用户账号密码、提醒用户办理业务等共性功能的实现。

最后，在数据层面，碎片化应用使用统一的数据交互接口，实现数据的统一采集，为后续的数据治理、大数据分析积累学校各方面的业务数据。

（二）创新信息化应用实施模式

在信息化建设实践中，我们发现传统 MIS 系统项目的实施模式已不适合学校目前信息化发展的需要。因此，我们积极探索一套符合碎片化服务设计理念的项目实施模式。

我们改变了传统 MIS 系统项目动辄耗时数个月的"调研—开发—测试—整改……"的长周期实施模式，将复杂系统分解为若干个服务应用，采取"调研一个，开发一个，试用一个，上线一个"的实施模式，有效地缩短了项目建设周期，让业务部门快速体会建设成效。在建设过程中，改变传统"开大会，议大事"的沟通模式，每次与业务部门仅开"一个小会"，讨论"一个应用"，解决"一个问题"，提高了沟通效率和办事效率。

在测试阶段，建立有效的测试机制，充分发挥碎片化服务应用颗粒度小的优势，使流程、角色、权限变得清晰，系统的测试更有针对性，降低测试成本的同时提高了测试质量。在推广阶段，各服务应用分批、分时上线，减少了管理和业务部门的压力，也降低用户培训难度，提升了使用效果。

四、成效

2017 年年底，学校开始了基于碎片化服务的高校信息化架构的建设实践，首先完成支撑层各基础平台的建设，随后基于碎片化服务的理论，探索总结出服务分析的方法论，以此指导完成了 172 个高校信息应用服务的需求调研分析报告和方案设计，学校目前已完成学生迎新、离校、奖助勤、学生宿舍管理、学生心理、教职工招聘、教职工新进、教职工基本信息管理、教职工考核等157个服务应用的开发并已上线试运行，其中人事类应用43个、学工类应用39个、公共服务类应用66个、疾病防控类应用9个。

学校已基本实现了对学生工作管理、人事信息管理和公共服务三个领域碎片化服务建设，取得了比较显著的成效。特别是在过去三年的疫情防控期间，体温上报、扫码入校、信息收集、请假销假等应用助力于疫情防控，很好地发挥了信息技术的支撑作用，得到了学校师生、业务部门、校领导以及兄弟院校的认可。

校园信息化应用建设需要根据学校实际需求出发，注重理论与实践相结合，从技术、管理两个方面双管齐下才能达到良好的实施效果。要在建设中不断总结经验与教训，构建适合学校信息发展的技术架构，形成一套较完备的方法论，建立促进信息化建设的体制机制。信息化建设是一项长期循环的任务，不仅仅需要信息中心的人员不断提升理论水平、技术能力，也需要校内各部门、全校师生共同努力，提高信息化素养，形成合力，达到与世界一流职业学校相匹配的信息化水平。

2019年12月20日，中央电化教育馆主办的2019年职业院校信息化建设与应用交流会在我校举行。我校信息中心何承主任在会上做典型案例交流发言，向来自全国264所职业院校的近500名嘉宾介绍了我校信息化建设的成效与经验。

全新的信息系统建设模式获得合作开发企业的高度重视和认可，合作企业已经在其他院校广泛推广该建设模式。

（撰稿人：郑玮琨）

第七节　完善数据安全监管，健全突发事件应急机制

案例：构建技术、管理、运营"三体"安全架构，
为智慧"深信"保驾护航

一、目标

"云、大、物、智、移"等新兴技术在不断催化产业与业态变革的同时，也带来了新的挑战和新的风险。作为信息技术特色前沿院校，大数据、人工智能、5G、区块链等新技术在我校智慧校园的全面落地，给信息安全的管理和全面防范带来了前所未有的挑战。

根据新形势新特点，我校全面谋划信息安全顶层设计，构建了"三体"安全架构，从网络安全技术、网络安全管理、网络安全运营多方面全方位为建设智慧校园保驾护航。

为顺应国家"走出去"发展战略，提升职业教育发展质量及人才竞争力，国家提出"双高计划"（中国特色高水平高职学校和专业建设计划），教育部、广东省人民政府也做出联合推进深圳职业教育高端发展，争创世界一流的决策。

我校作为国家"双高计划"院校之一、职业教育创新发展高地的"排头兵"，希望通过信息化升级改造，促进信息技术与课堂教学深度融合，打造现代智慧职教，构建职业教育新生态，从而促进学校"双

高标杆立起来""高职本科办起来""世界名校建起来"战略目标的达成。

其中信息安全作为支撑学校建成"双高校""世界一流校"的重要一环，拥有一票否决的权力。因此，我校在推进智慧校园建设的同时要做到安全先行，全面推进信息安全制度设计、技术落地和全方位运营。

二、问题

我校在出口及核心网络上采取了相关安全防护措施，如：在出口部署了下一代防火墙、上网行为审计、虚拟专用网络（VPN）等；在核心和服务器区部署了下一代防火墙、虚拟化防火墙、Web 应用防护系统（WAF）、数据库审计、堡垒机、漏洞扫描器、基线核查、安全态势感知平台、企业级杀毒软件等。这些软硬件在学校校园网安全上发挥了极大的保护作用，但随着大数据、人工智能、云技术、物联网等新技术在校园云、数据中心、智能门禁、校情分析决策、学情分析预警以及平安校园等场景广泛应用，简单的安全设备的防护难以满足学校智慧校园建设和发展的全面安全防护需求。

三、举措

为推动校园信息化快速发展，为"世界名校"建设保驾护航，我校提出了"三体"安全架构防护方案，即网络安全技术体系、网络安全管理体系、网络安全运营体系，具体设计如图 4-9 所示。

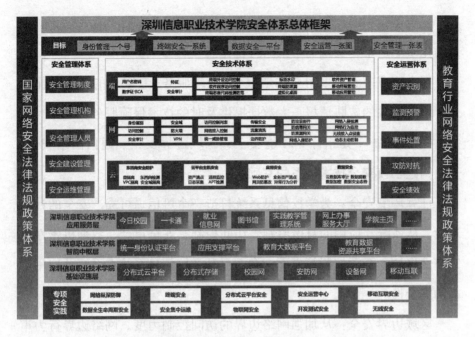

图 4-9 "三体"安全架构

（一）第一步：构建安全合规、风险可控的网络安全技术体系

我校以《中华人民共和国网络安全法》《网络安全等级保护 2.0 标准体系》等为依据，特别针对《网络安全等级保护 2.0 标准体系》的新增和加强要求，规划了"一个中心、三重防护"的建设思路。

"一个中心"是指安全管理中心，安全管理中心是安全技术体系的核心和中枢，集安全监测中心、安全运维中心、安全防御中心和安全响应中心的功能于一体。

安全监测中心：其中主要包括对系统、设备安全监测和报警，并提供基于人工或工具的多层次的安全监测。

安全防御中心：在构建整体的技术防御体系的基础上，通过安全防御中心加强协调联动，进行积极主动防御，提升整体安全防御水平。

安全运维中心：实现安全运维操作的流程管理和标准化管理，实现自动化安全运维，实现运维策略可视化。

安全响应中心：采用"本地服务+云端服务+专家"的新型工作模式，结合云端的威胁情报、大数据提供及时的技术保障服务。

"三重防护"是指计算环境安全、区域边界安全、通信网络安全，这是构建学校安全技术体系的基础。

计算环境安全：为学校信息系统打造一个可信、可靠、安全的计算环境。从系统、应用的身份鉴别、访问控制、安全审计、数据机密性及完整性保护、资源控制等方面，全面提升学校信息系统在系统及应用层面的安全性。

区域边界安全：从加强网络边界的访问控制力度、网络边界行为审计以及保护网络边界完整等方面，提升网络边界的可控性和可审计性。

通信网络安全：从保护局域网和广域网的数据传输安全、整体网络架构可靠可用等方面保障网络通信安全。

通过"一个中心、三重防护"的方案全面提升现有二级等保业务系统的合规能力，健全安全技术和管理能力。

此外，在等保合规基线之上，对学校关键网络、核心业务、重要数据实施重点保护。根据《中华人民共和国数据安全法》对数据的保护要求，携手国内一流安全厂商构建了"云、网、端"结合的主动安全防御体系。首先，对学校重要数据进行分类分级，明确敏感数据；其次，搭建了数据安全监测预警平台，从数据采集、传输、存储、处理、交换、销毁的六大阶段，实现生命周期中数据的保密性、完整性和可用性。同时，基于实际学校数据使用场景，在技术手段支撑下，构建完善的管理规范框架，形成完备的数据安全技术使用策略，对实际业务场景形成有效和可落地的安全防护。最终建立数据安全防护的闭环管理链条，达到数据安全的防护目标，防范数据泄漏以及敏感信息非授权访问等风险，实现数据资源安全地共享和交换，有效、安全地支撑智慧校园建设发展。

（二）第二步：打造责任到位、高效有序的网络安全管理体系

管理体系是安全措施有效落地的保障，我校主要从以下几方面构建全校网络安全管理体系。在制度保障层面：组织修订了《深圳信息职业技术学院信息安全规章制度汇编》及具体网络安全操作规程，构建了安全管理主框架；在组织架构层面：对包括领导层、管理层、执行层在内的组织架构进行分层，强调执行层面的学校业务老师与外部安全专家相互配合，保障学校安全措施落地；在"平战"结合层面：针对学校日常安全运营和"战时"安全运营等不同场景，制定不同触发条件下的应对措施，并针对性训练提高不同场景下的攻击应对能力；在能力保障层面：信息中心持续提升网络安全运营人员的应对能力，与国内一流厂商联合推出从初级到高级的安全认证，通过培训—认证—实践的方式有效提升人员专业能力。

（三）第三步：建立立体智能、协同创新的网络安全运营体系

建立好安全技术体系和管理体系后，还需要一套运营流程体系保障安全工作持续有效地运行。在运营体系上，信息中心全面梳理信息化资产、厘清部门权责、优化流程制度、强化安全运营的分类和绩效管理。实施权责划分，对安全部门、业务部门、二级学院等部门进行权责划分，出现安全事件后落实到部门和负责人，保障安全事件高效闭环；优

化安全运营流程，通过智能化的安全技术平台结合安全事件处置流程设置不同的工单派发，当出现安全事件、安全通报、威胁预警以及应急响应时将工单及时派发给对应的责任人限时处置；业务分类分级，针对校园业务的责任主体、应用场景进行分类，根据安全事件的关联业务重要性、受损程度以及影响范围等因素划分处理级别；实现可视化运营，借助信息中心安全技术平台对全校业务资产进行可视化安全运营监测，通过智能化手段早一步发现学校的安全隐患。

通过对"三体架构"的不断演进，最终实现全校"一盘棋、一体化、常态化"的网络安全协同工作体系，夯实了网络安全运营工作，实现了安全防护关口前移，达到"早发现、早预警、早处置"的防护目标。

四、成效

当前我校网络安全建设全面落实网络安全法，基本建成智能化网络安全体系。以大数据分析识别威胁，提升安全检测效率、精准度和自动化程度；以关联性分析安全态势，全面感知内外部安全威胁，综合分析网络安全要素，精准评估网络安全状况并预测其发展趋势；以自学应急响应防御，构建全面感知、智能协同和动态防护的主动安全防御体系，充分利用网络可视技术，对网络数据进行集中化整合分析，有效消除网络监控盲点，深度洞察网络，简化运维手段，对流量数据实施安全管控，降低数据泄密的风险，实现高水平的校园网运维管理。

据统计，面对持续的外部威胁，我校网络安全部门仅在 2021 年上半年就有效地监测和阻止了 7999592 次攻击，其中仅 4 月单月就监测到了 2495145 次攻击，进行通报并封禁攻击 IP 351 个，实现了 0 泄漏、0 通报。在内外力量的努力下，学校未发生过一起安全事故，未被上级监管单位通报，稳定保障了我校正常教学办公和各类业务的开展，为打造中国特色世界一流职业学校保驾护航。

网络安全建设需要根据学校实际需求出发，从技术、管理两方面双管齐下才能达到良好效果，同时网络安全建设是一项长期循环的任务，不仅仅需要信息中心的人员不断提升校园安全防护能力，也需要全校师生共同努力，养成良好的网络安全意识，从自身做起，为我院创建世界一流职业学校贡献力量。

"三体"安全架构在我校的全面落地和推广，取得了良好的效果，可供其他院校安全工作参考。任何体系的发展都需要有一个螺旋式完善的过程。我校的信息安全工作依然任重道远，亦需要吸收和借鉴其他高校信息安全工作的经验，不断升华。

（撰稿人：张锦雄）

第五章

一流人才新蓝海

导　读

本章从教师职业发展通道、人才引领发展、培养培训体系、推动跨界融通四方面阐述，如何打造"双师"卓越人才高地、引培一流创新型科技人才以及构建赋能型教师创新团队。面对新时代职业教育实现高质量发展对职教教育师资提出的新要求，学校坚持师德为先，把立德树人成效作为检验学校师资队伍建设的根本标准，将师德师范渗透师资队伍建设全过程，全力打造一支师德师风素养高、专业学术素养高、研究创新素养高、教育教学素养高、技术服务素养高的职业教育类型特色卓越双师团队。

学校出台相关政策，明确了高层次人才及团队引进、管理、考核流程，制订了按照业绩成果结构化计分计酬的高层次人才及团队待遇管理办法。聚焦"高精尖缺"，用好外脑，构建校内教师"1+X"传帮带模式。学校设立高层次人才专项经费3000万元/年，专门用于柔性引进高层次人才团队的薪酬待遇。学校以"双师型"教师培训基地为载体，"产教培"深度融合，"政校企"紧密结合，实施"五位一体"师资人才培训体系。

在双高建设目标牵引下，公共课教学部（素质赋能中心）坚持以立德树人为赋能核心，跨专业协作通识赋能，模块化对接精准施教；跨学科教研融合探索，多维度交叉改革创新；跨领域协同提质培优，信息化探索争先创优；跨层次生源因材施教，差异化教学迭代升级。

第一节　畅通职业发展通道，
打造"双师"卓越人才高地

案例：以教师评价改革为牵引，构建分类培养评价体系，打造卓越双师

一、背景

（一）新时代国家对"双师型"教师有了新定位

2019年，《国家职业教育改革实施方案》第一次明确提出"双师型"教师是"同时具备理论教学和实践教学能力的教师"，这就要求学校在培养"双师型"教师的时候，不能简单地以证书来定位，更重要的是要提高教师实践、技术服务等能力。

（二）新时代国家对教师评价改革有了新要求

2020年，《深化新时代教育评价改革总体方案》明确指出一是改革学校评价，健全职业学校评价，重点评价职业学校"双师型"教师队伍建设等情况；二是改革教师评价，坚持把师德师风作为第一标准，推动师德师风建设常态化、长效化，健全"双师型"教师认定、聘用、考核等评价标准，突出实践技能水平和专业教学能力，改进高校教师科研评价，突出质量导向，重点评价学术贡献、社会贡献以及支撑人才培养情况，根据不同学科、不同岗位特点，坚持分类评价，推行代表性成果评价，完善同行专家评议机制等。

二、目标

学校以落实立德树人为根本任务，坚持"四有"标准，构建"1+2+3"（"一个引领""两个通道""三个聚焦"）师资队伍建设体系，全力打造一支适应"双元"育人职教需要、师德高尚、数量充足、专兼结合、结构合理、能力突出、技艺精湛、有国际视野的世界一流双师队伍。

三、举措

（一）坚持师德为先，引领教师队伍成长

建立师德失范行为通报警示制度，制定《深圳信息职业技术学院教师违反职业道德行为准则处理办法》，将新时代高校教师职业行为十项准则的各项要求融入教师管理各个环节，贯穿日常教育教学管理各方面，具体细化教师职业行为负面清单及师德失范行为处理工作要求。建立政治理论学习制度，将理想信念教育作为教师岗前入职培训、在职提升培训的"第一课"。建立健全教师师德承诺制度，学校与全体教职工

签订师德师风承诺书，新教师岗前培训举行新教师宣誓仪式。严格执行师德表现一票否决制度，将师德师风作为校内各类人才项目选拔推荐的首要条件。严把入口关，严把教师聘用、人才引进政治考核关，人力资源处对每一位新入职教师开展组织考察，确保每位新入职教师思想政治、师德师风过硬。

（二）构建分类发展通道，完善教师培养评价体系

学校分三个方向（科学研究、教学研究和产业服务）和四个项目（深信学者、深信名师、深信优青、卓越双师）构建教师分类发展通道。出台深信学者、深信名师、深信优青、卓越双师培养管理办法，深信学者培养计划，打造一批科研能力突出的领军人才；深信名师培养计划，打造一批在专业领域具有较大影响力的教学名师和专业群带头人；深信优青培养计划，打造一批德才兼备、富有钻研精神和创新思维的青年教师；卓越双师培养计划，打造一批具有较强科技转化、技术应用能力和专业教学能力的卓越教师。创新教师培养机制，学校实施以业绩为导向的培养激励政策，支持培养对象高质量完成培养成果。每年给予培养对象绩效奖励，绩效奖励由基本绩效（40%）和业绩绩效（60%）两部分构成，基本绩效每年发放，业绩绩效根据考核结果发放。

（三）构建分类晋升通道，改进教师职称评价机制

针对不同类型、不同层次的教师，按照不同岗位类型、不同学科领域、不同研究类型、不同专业门类，建立分层分类评价标准，设置了教学为主型、教学科研并重型、科研为主型的教师职称评审标准，构建教师分类晋升通道；破除"五唯"倾向，将获得国家级（省级）技术能手、取得行业顶级认证或"1+X"高级认证证书、技术转移或科技成果

转化收益、主持各级政府揭榜挂帅项目、解决"卡脖子"问题等体现实践技能水平和取得前沿技术突破、解决重大工程技术难题等业绩纳入教师职称评审业绩范围；建立代表性成果评价机制，突出成果导向，聚焦评价教师的创新性、贡献度与影响力。

（四）聚焦专兼结合，提升教师产业服务能力

通过与世界 500 强企业、产业技术主流企业共建特色产业学院、教师企业工作站等平台，选派教师到企业担任技术顾问或跟岗实践，转变教师的岗位职责，不断更新和提高教师知识和能力。出台《深圳信息职业技术学院产业教授（副教授）特设岗位计划实施办法》，设立"产业教授（副教授）"岗位，搭建专兼结合互补机制，吸引行业企业高技能人才、能工巧匠、技能大师等担任技能导师，组建校企协同创新团队，提升教师产业服务能力。

（五）聚焦行业标准，提升教师培养高素质技术技能人才能力

学校对接行企新工艺、新技术、新规范，支持教师参加企业培训，考取 HCIE、CCIE、OCM、红帽认证架构师（RHCA）、特许金融分析师（CFA）、美国注册管理会计师（CMA）等行企高级技能证书或"1+X"证书，掌握企业岗位所需技能和技术。实现专业设置与产业需求对接，课程内容与职业标准对接，教学过程与生产过程对接，并将大赛内容融入课程，引领教学改革，培养符合社会发展和行业需求的高素质高技能人才。

四、成效

学校"双师型"专业课专任教师 516 人，占比 93.31%；国家万人

计划教学名师 1 人，全国先进工作者 1 人，全国优秀教师 1 人，全国技能大赛金牌选手 1 人，国家技术能手 1 人，广东省教学名师 4 人，"特支计划"教学名师 3 人，"珠江学者" 9 人，"鹏城学者" 9 人，深圳市政府特殊津贴 2 人，黄炎培职业教育杰出教师奖 1 人；广东省双师型名教师工作室 1 个，广东省技术能手 2 人，深圳市技术能手、技能精英 2 人；成立了由全国技术能手、广东省技术能手、世界 500 强企业首席技术官、首席架构师等高技能人才牵头的技能大师工作室 11 个。校企共建特色产业学院 13 个，聘请世界 500 强企业或国内头部企业技术骨干和高级管理人员为产业教授（副教授） 12 人；信息技术类专业教师获得顶级职业认证比例为 18%，其中获得 HCIE、CCIE 等顶级认证证书 29 人次。

（撰稿人：郝剑强）

第二节　落实人才引领发展，引培一流创新型科技人才

案例：对接国家"卡脖子"战略，引培高水平技术研发团队

一、思路

学校依托"两院（深圳市电子信息产业技术研究院、创新教育研究院）、两所（滨海土木工程技术研究所、智能制造研究所）"技术技

能创新平台，围绕5G、人工智能、大数据、信息安全与公共安全、生态城市建设、先进制造技术、机器人多模态信息感知与融合技术等国家"卡脖子"领域引培一批技术创新能力突出、技术服务能力卓越的技术研发团队，为打造高素质技术技能人才培养高地和高水平技术技能创新服务平台提供智力支撑；为国家重点产业、区域支柱产业创新发展提供服务；为把学校建成中国特色、世界水平信息技术类"双高"示范校提供人才保障，引领新时代职业教育实现高质量发展。

二、做法

（一）政策保障

学校出台了《深圳信息职业技术学院高层次人才引进管理办法（试行）》《深圳信息职业技术学院柔性引进高层次人才待遇管理办法（试行）》（修订），明确了高层次人才及团队引进、管理、考核流程；制定了按照业绩成果结构化计分计酬的高层次人才及团队待遇管理办法。

（二）外引内培

聚焦"高精尖缺"，用好"外脑"。柔性引进包括院士、"千人计划"人才、国家杰青等国家领军人才领衔的科研创新团队，充分发挥高层次人才所在院校、科研院所等机构的平台优势，通过资源共享，人员交流，整体提升学校的服务国家战略的能力和影响力。

构建校内教师"1+X"传帮带模式，整体提升。以研究方向为纽带，校内遴选青年教师加入高层次人才创新团队，一个团队吸纳一批青年教师，带动和引领学校教师科研和技术创新能力的提升，主要在科研项目、科研平台、学科建设、科研成果、成果转化、政府获奖、校级科研团队等核心指标方面取得突破。

（三）资金保障

学校设立高层次人才专项经费 3000 万元/年，专门用于柔性引进高层次人才团队的薪酬待遇。

三、成效

目前，引进中国科学院外籍院士、国际顶尖纳米科学家、物理学家、材料学家、能源技术专家王中林，加拿大工程院院士、联合国工业发展组织（UNIDO）全球创新网络中加创新中心主任杨军等国家级杰出人才领衔的科研创新团队 10 个，柔性引进国家级领军人才 17 人；有"珠江学者" 9 人，"鹏城学者" 9 人；深圳市高层次人才 85 人，海外高层次人才 26 人，联合培养博士后 16 人。

（撰稿人：郝剑强）

第三节　健全培养培训体系，服务人才优先发展

案例：实施"五位一体"举措，构建师资人才培训新体系

一、目标

为提升职业教育教师培训质量，广东省教育厅于 2020 年 5 月至 7

月组织开展了职业院校"双师型"教师培训基地遴选工作。经过自主申报、专家评审、教育厅党组审议和网上公示，我校以高职类院校总分第一名成绩，与华南理工大学等17所院校入选我省职业院校"双师型"教师培训基地。学校以"双师型"教师培训基地为载体，产教培深度融合，政校企紧密结合，实施"五位一体"师资人才培训体系，积极承接职业院校教师素质提高项目，为促进职业院校教师专业发展和实现职业教育现代化提供师资保障。

图5-1　省教育厅主任督学李璧亮为基地授牌

党的十八大以来，以习近平同志为核心的党中央把职业教育摆在突出位置，对职业教育作出了一系列重要战略部署。《国家职业教育改革实施方案》明确提出"落实职业院校实施学历教育与培训并举的法定职责，按照育训结合、长短结合、内外结合的要求，面向在校学生和全体社会成员开展职业培训"。我校积极响应国家"加强新时代职业教育教师队伍建设、推进职业教育'三教'改革、促进职业教育提质培优"的号召，加强"双师型"教师培养培训，不断优化教师队伍人员结构，提高教师教育教学水平，为构建现代职业教育体系"培养更多高素质技术技能人才、能工巧匠、大国工匠"提供有力师资保障。

二、问题

一是培训欠缺高层次平台。高层次平台是申报培训项目的基础，我校先前未取得省级培训平台资质，较难申报职业院校教师素质提高计划培训项目（以下简称"国培项目"）和新强师工程中等职业学校教师能力提升工程培训项目（以下简称"省培项目"）。

二是培训项目管理机制不畅。缺乏统一的归口协调管理部门，统筹负责"国培项目"和"省培项目"的申报、组织和管理工作；协调调动全校培训资源力度较弱，二级学院参与国培、省培项目申报意愿较差。

三是培训规章制度不健全。比照教育部和其他高校，我校仍存在政策空缺，缺乏培训系统化规定，极大制约了二级学院和教师参加培训的积极性，亟待制定明确政策指引，形成激励机制。

三、举措

在"以人才培养为目标，以教育质量为保障，以合作共赢为宗旨，以服务社会为导向"的指导思想引领下，从师资培训标准化管理、师资培训过程把控、师资培训质量保障三个维度,践行"以项目为指引,理论为基础,实践为实现路径"的新时期高职教育新思路,构建以师资培训标准化管理为引领、师资培训过程把控(产教融合、平台搭建、品牌课程)为核心、师资培训质量保障为支撑的"五位一体"师资人才培训新体系。

(一)标准管理:为师资人才培训提供科学依据和标准

深化培训顶层设计,明确继续让教育学院作为统筹学校社会培训牵头职能部门的决策,细化分解各二级学院工作职责,逐步形成以学校宏观决策为核心、继续教育学院统筹牵头为主导,二级学院(部门)协同参与为支撑的管理运行机制。研究出台《深圳信息职业技术学院社会培训工作管理办法》,完善培训流程和制度;紧密围绕产业发展需求,研究制定《智能制造工程技术人员职业培训标准体系》等。构建符合中国特色高职教育发展需求的培训标准体系,为师资人才培训提供科学依据和指导、执行、评估、验收的标准参照,满足参培教师全面提升职业核心能力和技术技能的多样性、特殊性和层次性需求。

(二)产教融合:探索"产学研用"一体化师资培训机制

积极对接产业战略性发展需求,加强对中、高职教师培训需求的调研,充分发挥信息化特色办学优势,加大实践教学环节在培训中的比重,丰富实践教学方式,切实解决实际师资培养教学中缺乏技术应用实践场景、理论教学比重较高、职业技能水平脱离实际劳动生产等问题。通过校企共建产业学院、校外实训基地、实战教学模拟、案例分析研讨、人机互动教学等多样化培训方式,探索"产学研用"一体化师资培训机制。

（三）平台搭建：促进学习模式和教学模式变革

根据互联网时代对师资人才培养的需求，学校不断推动信息化教学手段和培训教学管理的深度结合，与深圳采贝教育科技有限公司合作开发在线培训平台，在培训训前、训中、训后实现流程化信息管理，让信息技术成为师资人才培训模式转型的动力源泉。在全市范围内征集培训师资专家，探索行业企业高技能人才、优秀管理人才到校兼职任教的有效路径，组建以学校专业教师、行业资深专家和企业技术骨干为核心的高水平专兼结合师资培训团队，实现产业资源、技术资源向教学资源、培训资源转化，精准匹配服务战略性新兴产业发展。

（四）品牌课程：支持提升培训课程质量

依托二级学院师资力量和丰富的教学资源，以国家高等职业教育教学资源库为支撑，积极培育优质继续教育品牌课程，《中国画基础》《分布式人工智能软件开发与部署》《计算机维护与维修》三门课程入选2021年省继续教育质量提升工程；积极申报示范性"国培项目"和"省培项目"，智能制造学院2021年共获批4项，2022年获批2项，逐渐在省内形成品牌效应；发挥大数据管理技术在优化和调整教育培训资源配置方面的作用，依托培训平台搭建线上线下优质课程资源库，实现个性化学习培训多模式支持。

（五）质量保障：建立质量评估与监控体系

深化突出质量内涵的师资培训综合改革，成立教学质量督导员队伍，参照省厅绩效评估要求，定期对培训管理的过程及结果进行系统追踪和报告，建立和完善涵盖质量标准、思政教育、教学监控、考核评估、管理服务等科学、多维、动态的质量保障体系，加强"国培项目"和"省培项目"经验材料的总结提炼和宣传展示，为持续改进、提升师资培训质量提供科学、客观、系统、全面的数据和指导。

四、成效

2019 年成功入选广东省职业院校"双师型"教师培训基地，由继续教育学院统筹规范社会培训项目管理，研究出台了《深圳信息职业技术学院社会培训工作管理办法》，整理编印了《深圳信息职业技术学院培训制度汇编》，先后组织开展国培、省培项目评审 4 次，申报培训专题会 3 场，扎实推进"双师型"教师培训，积极培育品牌项目。2021 年成功获"国培项目"4 项、"省培项目"2 项，到账经费合计 163.212 万元；2022 年成功获批"国培项目"12 项、"省培项目"3 项，到账经费合计 308.622 万元，为促进职业院校教师专业发展和为实现职业教育现代化提供师资保障。

（撰稿人：王琼）

第四节　推动跨界融通，构建赋能型教师创新团队

案例：团队跨界创新，赋能专业标杆典范

一、简介

为推进"双高"建设，争创中国特色、世界一流职校，素质赋能中心在学校"三同"办学理念和"四个面向"办学方略牵引下，始终坚持以立德树人为赋能核心，以优质资源建设为赋能基础，以培养契合湾区产业需求的大国工匠为赋能目标，充分链接校内外资源，通过跨专业、跨学科、跨领域团队的融合创新，全面服务专业人才多维素质培养目标，示范全周期育人模式，打造类型教育多维度素质赋能的标杆典范。

二、问题

优质赋能团队是实现多维素质培养目标的关键。通过持续开展外引内培人才工程，素质赋能中心已形成一支"专兼结合、结构合理、素质优良、优势互补"的赋能师资团队。为进一步彰显职教特色、体现深圳本色、擦亮信息底色，支撑一流育人新架构，需要着力解决校内外资源整合、跨界融合创新、组织多元协同等问题，具体包括：

1. 如何创新团队管理机制，激发师资创新活力？

2. 如何突破学科壁垒，促进横纵双向交流，打造基础人才科研新高地？

3. 如何强化校内外协同，打造"教、研、赛、用"融合赋能生态？

4. 如何推进跨界团队内涵建设，探索职教提质培优新路径？

三、举措

（一）跨专业协作通识赋能，模块化对接精准施教

素质赋能中心教师团队成员不仅包括承担公共基础核心赋能课程的数学、语言文字、信息技术、美育及跨学科拓展专任教师，还包括跨部门和岗位的素质赋能教师，学科专业分布呈现显著的多样性特征，为部门行使跨界协同的赋能职责，实施模块对接的定制化专业赋能提供了广阔的舞台。

部门强化顶层设计，大力推进以赋能基础课和拓展课为载体的定制化、模块化课程建设与对接，破解赋能需求与课程师资不匹配的难题。通过引进企业需求产品包管理流程，采集专业赋能需求，实施基于集成产品开发（IPD）体系的赋能课程重构。坚持以需求驱动的项目管理方式，对收集的外部需求进行宽口径、多维度分析评估，对通识体系进行模块化解构，遴选知识模块进行积木搭建，构建面向专业特征的精准定制化基础课程，并在发布生命周期内持续更新，支撑多样化赋能目标。

图 5-2 需求驱动的赋能课程开发流程

针对公共拓展课，部门通过系统调研、科学论证、精准施策，梳理出信息技术与科学、传统文化与美育、数理逻辑与训练等六大赋能模块，构建与各赋能模块内涵相匹配的核心、拓展课程体系，通过链接校内外资源实施全方位、全过程和全员赋能战略，达到"三全育人"目标。

（二）跨学科教研融合探索，多维度交叉改革创新

通过跨界科研分享，突破传统基础课教师单兵作战的局限，将多学科混编制短板转化成学科间科研交叉的强势拳头，促进教师横、纵双向科研学术交流，打造基础人才科研新高地。部门通过内挖潜力、外引资源，持续组织国家自然科学基金项目申报的分享与指导，促成科研项目立项屡创新高，国家级科研项目强势突破。

跨学科教科研论坛和沙龙期期精彩，成果导向的美育课程学生作品展演更是充分挖掘数学、美育、语言等学科特点，应用融合跨界理念，实施课程、科研与教学的三重优化，通过线下舞台、线上平台的混合式展示，层层递进，改善了教育教学研究效能，形成从需求、构建、推送到成果展示的培育体系。

（三）跨领域协同争先创绩，信息化探索提质培优

根据部门职责定位，素质赋能中心每学年需面向全校 40 多个专业开设公共基础课、公共拓展课 300 余门次，满足 4 万余人次选课需求。面临课程多、覆盖广、层次杂的现实挑战，部门主动应对，提前筹谋，先后推动构建"校、部、室"纵向联动与"院、部"横向协作机制，集中优势力量，破解跨部门协同难题。

纵向维度，持续优化报课、组课、建课与开课流程，形成教研室、

部门和学校三级评审制度，完成对每学期近 200 门公共拓展课的需求预测和申报分析，保障课程的顺利开设。

横向维度，部门加强与二级学院和职能部门的协调联动，实施跨部门集群作战，深度解决学院需求调研并开展座谈、"从美育到美遇"的美育作品展演，组织素质赋能新技术精品课程建设及遴选，并加强与信息中心的沟通对接，推动信息管理流程优化，提升团队项目管理水平。

（四）跨层次生源因材施教，差异化教学迭代升级

随着我校办学力量的增强，办学层次也不断丰富，生源涵盖普通高中、"3+X"、"3+2" 及高技能人才、退伍军人等，学员跨地域、年龄、职业、岗位的差异化特征越发明显。

素质赋能中心本着标准不降、质量不降的原则，因材施教，组建部门级高技能教学和管理团队，着力研究跨层次通识教育的差异化教学，积极探索校内校外融合、线上线下混合的虚拟教学模式，打造通用的非遗、色彩、民俗以及短视频创作等特色美育课程，实施基于雨课堂等信息工具实现的翻转教学。通过与高技办、教务处及质量管理中心的协作统筹，有效解决外聘教师和校内教师的管理与质量控制，保障跨层次教学有效实施。

此外，部门顺应学校升本和争创一流大势，提前筹谋面向本科专业的课程体系构建，组建高水平师资团队对接本科专业的数学及公共拓展授课任务，并在模块课程改革中逐步迭代优化。近年来，共面向合作本科开出 4 门数学课程，累计参与课程 1800 人次，并优化本科层次的课程拓展模块，分别开设经管、科学、艺术、社科四大模块课程 26 门次，满足 2384 人次选课需求。

四、成效

(一) 创新设计了跨界创新团队改革机制

引入虚拟教研室建设理念，组建由领军人才、专业带头人、名师优青组成的跨界赋能团队，实施"矩阵协同、双岗设置、梯队培养"战略，以中心专任教师和素质赋能转岗教师为核心，面向全校各教学院部教师，设立"深信赋能"师资资源库。

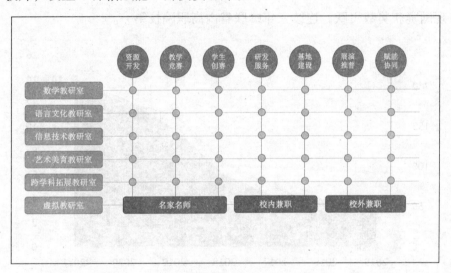

图5-3　矩阵协同的跨界创新赋能团队架构

以"三教改革"为发力点，以跨界思维为创新点，全力促进素质赋能教师的教学能力提升和赋能创新改革，融合跨界应用理念，多路齐发，实施课程、科研与教学的三重优化，改善了教育教学研究效能，形成从对接、构建到推送的建设体系，培育素质赋能教师教学能力，备赛"深信"国家队。

（二）系统建设了跨部门协同提质培优赋能网络

以课赛融合为抓手，"校、院、部"协同作战，对课程、集训、选拔、备赛各环节实施项目化管理，推动素质赋能全流程培育机制改革，提升了核心素质素养，实现课赛融合良性发展。

在"以赛促教、以赛促学，以赛促改、以赛促建"的参赛理念指导下，素质赋能中心与各二级学院以及教务处、信息中心、后勤保卫处等职能部门高效协同，全面助力我校团队参加大学生数学建模大赛，实现国赛获奖数飞跃，连续三年蝉联省内高职院校第一。

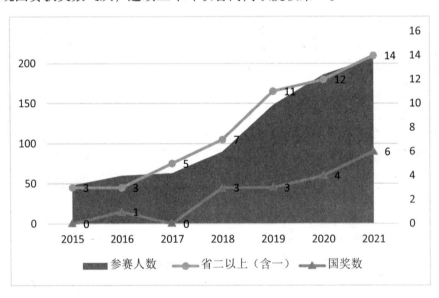

图5-4 跨领域协同助力国赛突破

（三）科学构建了跨学科素质赋能教科研培育模式

以人才培养为根本，紧密对接专业需求，跨界赋能课程体系坚持从专业中来、到专业中去的服务定位，在破而后立的方法论指导下，依托IPD流程系统构建了素质赋能课程开发与能力培养模式，解决了需求适配难题，打破了传统基础学科与专业脱节的认知局限，依托灵活动态的模块构建，推动了公共赋能课程脱虚向实，精准赋能专业发展、跨界素质人才培养，取得良好的效果。部门教师团队先后获得 2021 年广东省职业院校教师能力大赛一等奖 1 项、2021 年广东省首届美育教师教学基本功比赛一等奖 2 项、二等奖 1 项；数理逻辑教学案例《见微知著分条析理——破解机器学习的数学密码》成功获得 2021 年广东省课堂革命典型案例认定；艺术美育改革案例《"五个聚力"实现深信美育育人新架构——深圳信息职业技术学院美育综合改革实践》《中华优秀传统文化"诗经+"传承育人体系的构建与实践》分别获 2022 年广东省高校美育工作优秀案例一等奖、二等奖。

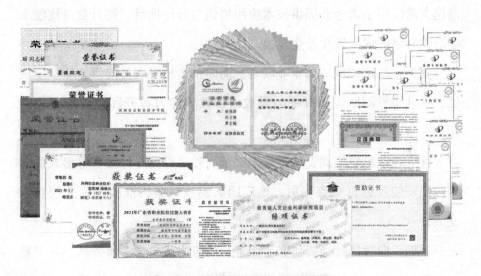

图 5-5 跨学科融合教科研孵化成果

持续推动的跨学科交叉创新，更孵化了从教研到科研的多重创新成果。素质赋能中心先后获得各级荣誉奖励及证书 40 余人次，发表高水平论文 100 余篇，专利授权 36 项，教科研课题 60 余项，精品课程与教材项目 14 个，教科研实力再上新台阶。

五、经验

以赋能教科研成果孵化为横轴、以校内外赋能资源链接协同为纵轴，通过以各类项目资源、教学资源和社会资源为建设规划，创新教学团队传帮带管理模式。团队水平得到整体提升后，积极开展社会服务，起到辐射引领示范作用，并逐步实现团队发展的国际化。具体而言，拟开展如下四方面的工作。

其一，向行企提供技术合作与服务。基于校企创新合作模式，为粤港澳大湾区中小微企业提供技术应用培训与合作项目，提升自身技能水平的同时赋能成果转化及企业盈利。

其二，与跨领域头部企业联合，面向全国技术人员提供素质赋能认证，推动跨界团队资源开展教学教研、教学能力提升和竞赛能力技能培训。

其三，以科研培训、课程建设交流、教学竞赛专题报告等形式面向国内高职院校进行交流辐射，推广团队建设经验，推动国际院校访学交流。

其四，向社区社会提供义工服务，通过组建志愿者服务队，立足社区、面向深圳，向社区和中小学生提供信息素养、数学思维、传统文化、艺术美育、工匠精神等多维度服务。

（撰稿人：朱文明、高军、谭旭）

第六章

一流合作新范式

导　读

本章从推动远程教育跨国培训、对港合作、创新开展"中文+职业技能"项目等方面展示学校的一流合作新范式。学校根据《教育部等八部门关于加快和扩大新时代教育对外开放的意见》、教育部等九部门印发的《职业教育提质培优行动计划（2020—2023 年）》、教育部广东省人民政府印发的《关于推进深圳职业教育高端发展争创世界一流的实施意见》等多项政策文件要求，聚焦国家战略与企业需求，积极打造一流国际影响力，彰显国际化水平提升。

国际化已成为高等教育发展的全球性趋势。推动大学国际化不仅是中国建设世界一流大学、促进优质教学资源整合、提高综合实力和竞争力的主动选择，也是我国现代化建设和知识经济发展对国际化人才与资源提出的必然要求。学校与联合国教科文组织高等教育创新中心共同发起国际网络教育学院，制订百门英文课程建设计划，已有 18 门课程为

42 个国家的 2168 名高校教师学习使用，极大推动了学校课程资源、课程体系和职教标准"走出去"，向国际社会贡献中国高等职业教育的产品与服务。为更好地服务信息产业，学校以建设国际 ICT（信息通信技术）产业技术学院为蓝本，开展"中文-技能中文-中文'1+X'技能微证书"培训，构建"全球实验室"，实施"中文+ICT"教育，满足"一带一路"沿线国家产业一线对高素质高技能人才的需求，携手深圳大学共同申报教育部"国际中文+ICT 技术"教育实践与研究基地，助力国际中文教育改革。

为破解粤港教育合作难题，推动粤港澳资历框架对接，学校抢抓与港合作机遇，先行先试，与香港都会大学李嘉诚专业进修学院开展专科层次的合作，推动学前教育、工商企业管理、室内设计等 6 个专业的课程对接，积极探索与开展学分互认、课程互认及双向互颁学历学位证书等方面的工作。通过与香港都会大学的合作，可以充分发挥深港两地高校的各自优势，联合培养面向粤港澳大湾区的高技能人才，将助力粤港澳大湾区职教的互融互通，同时也为粤港澳大湾区发展战略贡献"深信方案"，有助于学校争创世界一流，建设中国职业教育高地。

第一节　推动远程教育跨国培训，
强化职业教育服务国际产能合作能力

案例：输出优质育人资源，共同发起联合国教科文组织（UNESCO）国际网络教育学院（IIOE）项目

一、目标

加强国际课程设置与建设是大学国际化的重要内容之一。依托于学校雄厚的师资力量和丰富的教学资源，以及与海外学校和教育机构的合作，学校以"互联网+教育"的理念，开展课堂教学改革，促进了学校泛在、移动、个性化学习方式的形成，构建了开放、高效的教学模式。学校投资建设开放共享的国际课程中心和课程资源，与联合国教科文组织（深圳）高等教育创新中心合作项目，共同发起设立"国际网络教育学院（International Institute of Online Education，IIOE）"项目，向国际社会贡献中国高等职业教育产品与服务，扩大我校的国际影响力，贡献精品英文课程资源，推动我校课程资源、课程体系和职教标准"走出去"。

二、问题

（一）职业技术教育与培训是解决就业问题的重要途径，未来发展大有可为

随着在线教育的兴起，世界上利用在线网络进行学习的学生数量创下了纪录。科技和人工智能在教育领域加速融合。

2020 年世界职业院校与技术大学联盟（WFCP）大会提供的材料表明，世界银行强调了"微证书"和短期课程助推经济恢复的重要潜力。在经济恢复阶段，必须把技术和职业教育与培训（TVET）和成人技能培训方案与劳动力市场需求更好地结合起来，并最终建立更强大和更有弹性的培训系统。另外还可以提供与工作相关的关键能力的学习项目，助力劳动力市场转型。

（二）国际网络教育学院项目将支持个人再谋职业发展，并将产生积极效果

国际网络教育学院项目由联合国教科文组织高等教育创新中心（中国深圳）牵头，与亚太、非洲地区发展中国家的伙伴院校、中国的伙伴院校和企业共同发起创立，该项目的设计是在"一带一路"倡议的指引下，秉持"和平合作、开放包容、互学互鉴、互利共赢"的丝绸之路精神，通过人才培养与交流，增加发展中国家获取优质高等教育的机会，使得人才培养满足发展中国家工业化、现代化的需求。近三年已与亚太和非洲地区的 12 个国家的顶尖大学建立了实质性的合作伙伴关系网络，帮助其增强获取优质高等教育机会的能力，包括柬埔寨、吉布提、埃及、埃塞俄比亚、冈比亚、印度尼西亚、肯尼亚、蒙古、尼日利亚、巴基斯坦、斯里兰卡、乌干达。已开展的活动包括：教师运用 ICT 技术开展教学的专业发展培训，向 12 所大学援建智慧教室，召开 ICT 领域的各种国际会议等。

三、举措

（一）与联合国教科文组织高等教育创新中心共同发起设立国际网络教育学院项目

2019 年 5 月 8 日，我校党委书记刘锦一行访问南方科技大学和联

合国教科文组织高等教育创新中心（中国深圳）。会上，联合国教科文组织高等教育创新中心（中国深圳）主任李铭与我校校长孙湧分别代表双方单位签署了战略合作协议。

图 6-1　战略合作签约仪式

2019 年 10 月 29 日，联合国教科文组织高等教育创新中心（中国深圳）李铭主任一行来访我校，会上双方签订了《联合国教科文组织高等教育创新中心与深圳信息职业技术学院关于联合发起设立国际网络教育学院的合作意向书》。

图 6-2　合作意向书签约仪式

2019 年 12 月 7 日至 8 日，在深圳召开的"国际网络教育学院国际咨询会"围绕落实联合国教科文组织"教育 2030 行动框架"的目标，并借助中国"一带一路"倡议，发起成立了"国际网络教育学院（IIOE）"。作为联合发起单位和资源提供方之一，我校孙湧校长应邀出席作主题发言，代表我校与联合国教科文组织高等教育创新中心（中国深圳）于现场签署合作框架协议和联合《倡议书》，现场展示了我校制作的 4 门英文课程资源，迈出了国际课程资源制作的重要一步。

图 6-3　合作框架协议和联合《倡议书》签约仪式

2020 年 4 月 2 日，由深圳信息职业技术学院与联合国教科文组织高等教育创新中心（中国深圳）、亚太和非洲 11 所顶尖高等院校、中国 3 所高等院校及 8 家高科技企业共同发起的"国际网络教育学院"项目正式在云端发布，旨在借助"一带一路"倡议，增加发展中国家获取优质高等教育的机会，是一个助力提升发展中国家伙伴院校教师 ICT 能力的在线实训平台。

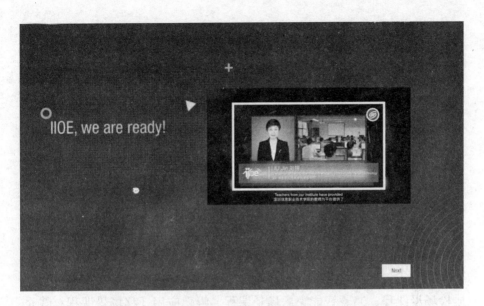

图 6-4 "国际网络教育学院"（IIOE）正式在云端发布

（二）制订百门英文课程建设计划，建构"头部企业+生态"的产业学院模式，构建"通识中文+技能中文+国际'1+X'微技术证书"培训体系

根据与联合国教科文组织达成的共识，双方就合作开展我校信息类专业课程资源输出达成初步意向，通过搭建国际课程资源平台与运营，双方约定共同输出中国优质在线学习资源，向国际社会贡献中国高等职业教育的产品与服务。以 IIOE 项目建设为契机，我校分批分步骤输出英文课程资源，逐步推进百门课程资源建设。截至 2021 年 8 月，首批资源建设 48 门课程陆续交付，已有 18 门课程上线提供服务，4 门课程进入推广排期。已上线课程累计服务来自 42 个国家的 2168 人次高校教师学习使用。

此外，依托拟建教育部中外语言交流合作中心"国际中文+ICT 技术"教育实践与研究基地，积极构建"通识中文+技能中文+国际'1+X'微技术证书"培训体系，支持教育部国际中文教育改革，实施"中文+技能"教育培训和技术微证书培训及认证。

积极探索与教育部中外语言交流合作中心以及华为、腾讯等深圳头部企业合作，重点围绕新一代信息通信技术进行建设，涵盖5种知识体系：①ICT基础技能的课程体系，包括华为职业认证课程、华为云微认证课程，围绕华为职业认证体系，结合学校软件技术、计算机应用技术、电子商务、通信技术等专业进行双语课程资源开发，开发超过30门ICT技术双语课程资源；②企业数字化平台建设课程体系，包括AI质检场景课程、鸿蒙智能家居场景课程、鲲鹏应用迁移场景课程；③企业运营服务数字化能力课程体系，包括企业数字化运营服务能力课程、企业业务数字化流程建设课程、企业数字化基础设施建设课程、数字营销课程；④信息技术科普教育的知识体系，包括鲲鹏昇腾科普课程、科普教育课程、数字世界科普课程；⑤职业素养课程体系，包括通用职业素养课程、销售职业素养课程，行业知识课程体系。

（三）共同举办国际线上线下技术教育及教科研专题研讨会规划，搭建面向新一代信息技术类课程的云平台直播课堂

搭建面向新一代信息技术类课程的云平台直播课堂，探索困惑海外办学项目落地执行的课堂教学问题。对外开展直播教学取得明显成效，如2021年面向印尼坤甸共同希望语言学院，开设ICT技术类课程《图形处理Photoshop》《Microsoft Office办公软件（Word，Excel，Powerpoint）技术》《跨境电商技术》《Preimere影视编辑制作技术》，并被纳入该校学分课程体系。

体系化建设国际网络教育学院英文课程教学资源。2020年12月30日，联合国教科文组织高等教育创新中心（深圳）IIOE运营中心联合主任冯思圆博士一行来访我校交流，双方深度探讨了国际网络教育学院英文课程建设体系的构建与完善，承办国际在线专题研讨会议、分享IIOE国际数据和成效、支援职院亚非高校学科或专业建设、线上鲁班工坊等事宜。

未来，联合国教科文组织高等教育创新中心（深圳）将与我校在对"21世纪海上丝绸之路"沿线国家开展高等教育合作和教育援助等项目方面进行合作，通过知识共享和能力建设等多种形式，输出深圳信息技术服务和资源，为沿线国家提供智力支撑和人力资源保障。

图6-5　联合国教科文组织高等教育创新中心（深圳）来访我校共商深度合作

四、成效

（一）国际ICT课程资源持续推广到全球，课程资源标准得以优化

已上线的课程获得了亚非国家的广泛好评，国际课程资源将逐步推广到全球，全面辐射"一带一路"沿线国家，成为持续推动我校职教标准、课程理念和课程体系等"走出去"的压舱石。

实现国际课程资源字幕库与视频库分开建设优化，所用课程平台及通用性软件以英文化界面呈现,大大优化了国际课程资源建设标准。陆续上线的国际网络课程资源将在 IIOE 网络平台为海外发展中国家高校教师提供教学参考、能力提升等培训服务。基于第一批国际课程资源建设经验及成效,越来越多的教师参与到国际课程资源建设中来,积极参与校内课程资源立项,并筹备制作双语国际课程资源,2020 年 30 门课程已经交付,2021 年 20 门国际课程资源正在建设中,目前已交付 18 门,并将国际课程资源逐步推广到全球。深圳信息职业技术学院由此获授"联合国教科文组织突出贡献奖"。

(二)服务包括国家"一带一路""南南合作""金砖国家职业教育联盟""中巴经济走廊"等战略

"深信-华为国际 ICT 人才交流中心"形成与国际同轨、与产业同频、模式创新、正向反馈的国际数字化人校培养体系和人才培养标准全球推广。积极探索与华为、腾讯等深圳头部企业合作,重点围绕新一代信息通信技术千亿级产业集群,对接人工智能、5G、物联网、大数据等战略性新兴产业布局的专业,为 ICT 技术全球生态链上下游企业输出人才,促进全球数字经济的高速发展。

"中文+ICT 技能"实践基地输出中国文化软实力的同时输出信息通信技术硬实力,推动国际中文教育和职业教育融合发展。依托中国与巴基斯坦合作项目,基于已被业务所属国政府认可的云平台,建设用于支撑海外教学、国际学生教学的"互联网+"职业教育国际合作平台系统、汉语技能培训中心、职业技能培训中心,涉及 12 大类近千条课程资源、证书培训资源、实训实践项目、企业实习项目等。

建设面向新一代信息技术类课程的云平台直播课堂国际共享课程。

致力于"公共教育资源开放共享"，打造国际和本土教育相融合的特色国际教育课程，为学生提供走向全球优质教育的直通车。为境外办学的教学活动、境外培训，2021 年至今，已面向印度尼西亚的合作院校开设 5 门直播课，取得很好的课堂教学效果。未来将探索在中巴 ICT 国际学院的教学过程中采纳印尼的课堂教学模式。

（撰稿人：余媛、张运生）

第二节　深化对港教育合作，共建粤港澳大湾区职教高地

案例：破解粤港教育合作政策体制难题，
推动与香港都会大学李嘉诚专业进修学院深度合作

一、目标

一直以来，香港与内地高等教育学分互认、课程互认、技术资格互认合作面临困境，尤其是本科下层次的教育合作面临政策性及体制性难题，学生交流也因此受阻，对港合作亟待在体制、机制方面取得突破。为落实部省共建深圳职教高地任务，助力国家粤港澳大湾区发展战略，学校发扬先行先试精神，积极探索与香港都会大学开展学分互认、课程互认及双向互颁学历学位证书等方面的工作，努力成为高等职业教育深港合作的冲锋舟、探索者和引领者。我校与香港都会大学李嘉诚专业进

修学院开展专科层次的合作,选定 6 个专业联合培养深圳学生,并促进、吸引香港特区的学生来深学习。在与香港都会大学合作的基础上,学校创办"紫荆学院",吸引香港特区、澳门特区学生来深圳参加技能培训、接受学历教育。深圳市教育局专门致函我校表示支持肯定,认为我校与香港都会大学在职业教育领域开展的合作是推动粤港澳职业教育资历框架对接的重大突破,是推动学分、学历、学位和技能等级互认互通的重要举措。

二、政府部门聚焦深港合作,发力顶层设计,但有待深圳院校积极开展试点实践

2020 年 10 月《深圳市打造现代职业教育体系推进国际一流职业教育建设》专题调研报告透露,深圳将建立深港澳职业教育定期会商制度,推进开展湾区学历教育与非学历教育学习成果认定、积累和转换,推动学分、学历、学位和技能等级互认互通;探索与港澳地区开展职业技能等级认定试点,面向港澳学生开展技能等级认定。

2020 年 12 月,教育部与广东省人民政府联合发布的《教育部　广东省人民政府关于推进深圳职业教育高端发展争创世界一流的实施意见》明确提出,深圳要推动粤港澳资历框架对接,推动学分、学历、学位和技能等级互认互通;推动香港副学士学位学生升读深圳应用本科学位;推动共建粤港澳大湾区特色职业教育园区;联合开发基于中华优秀传统文化和区域文化的人文通识课程,强化粤港澳大湾区人才的文化认同等。

政府部门制订的一系列推进深港职业教育合作的顶层设计方案,反

映了国家省市各级部门对于深港职教合作的重视。顶层设计为深港教育合作指明了方向，但具体的措施还需深圳院校积极开展试点实践，找到深港职教融合融通的实际路径。通过与香港都会大学的合作，我校将为国家的粤港澳大湾区发展战略贡献"深信方案"，有助于学校争创世界一流，建设中国职业教育高地。

三、举措

（一）与香港都会大学李嘉诚专业进修学院达成合作意向，签署合作备忘录

2021年7月14日，香港特别行政区立法会通过香港公开大学更名为香港都会大学的申请，2021年9月1日正式生效，转型为现代化综合性大学。香港都会大学现有1万名全日制本科生、1900名研究生和8700名非全日制学生，开设超过200门学术课程，设有6个学院，包括人文社会科学院、李兆基商业管理学院、教育及语文学院、护理及健康学院、科技学院、李嘉诚专业进修学院。

香港都会大学下属的李嘉诚专业进修学院，原为香港公开大学继续教育与社区教育中心，成立于1992年，于2000年正式改名为李嘉诚专业进修学院，主要提供职业专才教育，包括全日制专业课程、兼读制专业进修课程以及企业培训课程等，专业领域涵盖商务、酒店、旅游管理、设计、文化、创意艺术、学前教育、工程、科技，健康科学、社会科学等。学生在毕业后取得高级文凭。

我校抢抓对港合作机遇，先行先试，与香港都会大学李嘉诚专业进修学院从2021年4月开始联系，经过近半年的沟通洽谈，并于9月初

就合作备忘录的条款协商一致。

2021年10月28日，我校与香港都会大学隆重举行合作备忘录签约仪式，双方正式开启合作。

（二）推进深港两地学生联合培养，探索开展面向内地生源的"1+1.5+0.5"联合培养项目和面向香港生源的"2+1 或 2+1.5"联合培养项目

2021年9月中旬我校推动6个专业（学前教育、室内设计、非物质文化遗产、创意文化及媒体实务、酒店管理及款待、工商企业管理）的课程对接，双方建立微信工作群，包括深港两校的专业教师，交换各自的人才培养方案、课程大纲，持续就专业合作事宜进行沟通。

2022年5月我校商务英语专业与香港都会大学李嘉诚专业进修学院签订"1+1.5+0.5"模式专业合作协议，联合培养深圳学生，此项目已报备给广东省教育厅，并已写入高考招生简章，开始招收第一届学生。

同时，我校学前教育专业确定与香港都会大学李嘉诚专业进修学院联合培养香港特区学生，双方确认香港学生在港都大获得高级文凭后，来我校学习1.5年取得我校颁发的副学士学位（"2+1.5"专业合作模式）。目前双方已确定合作协议内容，准备签订专业合作协议。我校管理学院商务管理专业与香港都会大学的专业合作协议也在进一步洽谈中。

（三）推进深港科技人文交流，积极搭建交流平台

在联合培养学生项目之外，我校还与香港都会大学积极开展师生交流、科研学术合作。我校应用外语学院师生参与由香港都会大学组织的西贡麒麟舞教学与展示活动。在人工智能、环境化学、学报杂志等科研

交流方面，我校与香港都会大学也进行了合作探讨。

此外，我校积极搭建科技人文交流平台，牵头申报中国科协 2022 年海峡两岸暨港澳科技人文交流资助项目，推动与深圳多家协会开展技术交流、科技论坛、人员培训，分别与深圳市人工智能产业协会、深圳市企业科技创新促进会及深圳市微波通信技术应用行业协会计划合作开展港澳台 AI 与芯片创新大赛及国际知识产权（IPR）论坛项目，包括两个创新比赛及一个知识产权国际论坛，具体项目如下。

（1）两岸集成电子电路应用创新技能竞赛，由台湾嵌入式暨单芯片系统发展协会联合深圳市微波通信技术应用行业协会，与深圳信息职业技术学院共同举办。

（2）深港澳人工智能挑战赛，由深圳市人工智能产业协会与深圳信息职业技术学院共同举办。

（3）大湾区科技创新与知识产权保护国际论坛（TIIP），由深圳市企业科技创新促进会与深圳信息职业技术学院共同举办。

四、成效

（一）推进深港两地学生联合培养，推动学分、学历、学位和技能等级互认互通

我校与香港都会大学的合作是粤港澳大湾区高技能人才联合培养、资历框架对接的有益探索。此次合作是在 2019 年 6 月 25 日香港特区政府教育局与广东省教育厅签署的粤港资历框架合作意向书的指导下，对粤港专科层次学历对接的探索。通过发挥深港两地高校的各自优势，联合培养面向粤港澳大湾区的高技能人才，将助力粤港澳大湾区职教的互

融互通。

两校合作备忘录的签约仪式邀请了深圳市、广东省、国家各级媒体进行报道，向社会各界宣传我校深港教育合作的探索工作，为后续合作打下基础。受到《光明日报》《深圳特区报》《深圳商报》《南方都市报》《晶报》《羊城晚报》《广州日报》《南方日报》、深圳卫视先后报道，并争取到深圳市委大湾区办和深圳市教育局的支持，同时还向广东省教育厅做了汇报，得到上级主管部门的积极肯定和大力支持，为后续合作打下了坚实的基础。

我校与香港都会大学的合作，获得中央人民政府驻香港特别行政区联络办事处、香港教育局、香港都会大学领导的有力背书，并首次通过香港主流媒体向香港宣传了我校。此次签约仪式，香港都会大学力邀《香港文汇报》《大公报》《星岛日报》《头条日报》等香港主流媒体进行报道，宣传香港都会大学积极深化与粤港澳大湾区教育合作的同时，也向香港市民宣传了我校，从而扩大我校在香港的影响力，为后续吸引香港学生来校学习创造良好的舆论环境。

（二）推进粤港澳职教联动发展，打造世界湾区职教高地，推动职教要素流动，促进粤港澳职教交流合作、联动发展

香港都会大学林群声校长在签约仪式上表示，深圳信息职业技术学院是一所优秀的高职院校，相信两校签署合作备忘录，结合两校在高等职业教育上的优势，必能为大湾区经济建设和社会发展提供强而有力的人才和技能支撑，两校已初步展开合作模式及合作范畴的讨论，期望具体细节很快落实，为粤港澳大湾区高等职业教育开启新一页，创造新机遇。

在推动香港都会大学与我校6个专业联合培养深圳学生之外，我校还继续探讨联合培养香港学生的项目，并以与香港都会大学的合作为依托，成立深圳信息职业技术学院"紫荆学院"，挂"紫荆学院（香港）""紫荆学院（澳门）""紫荆学院（前海）""紫荆学院（横琴）"四块牌子，吸引香港特区、澳门特区学生来深圳参加技能培训、攻读文凭课程，以及在未来我校升格为本科院校后，攻读应用本科学位。

图6-6　深圳信息职业技术学院与香港都会大学签署教育合作备忘录

图 6-7　出席两校签约仪式深圳会场的领导嘉宾合影留念

图 6-8　深圳信息职业技术学院王晖校长在签约仪式上致辞

（撰稿人：江离、张运生）

第三节 创新开展"中文+职业技能"项目，打造一流国际影响力

案例：推动"国际中文+新一代"信息技术教育实践，讲好精彩中国故事

一、目标

聚焦国家战略与企业需求，服务信息产业，以国际 ICT（信息通信技术）产业技术学院为蓝本，开展"中文—技能中文—中文'1+X'技能微证书"培训。构建"全球实验室"，实施"中文+ICT"教育。"中文+职业技能"项目满足"一带一路"沿线国家产业一线对高素质高技能人才的需求，顺应了国际中文教育事业发展的新形势，有助于满足海外中文学习者的新需求。围绕中国精神、中国价值、中国力量，从政治、经济、文化、社会、生态文明等多个视角，以优势技术产业作为"中国故事好素材"，成为讲好中国故事的有效途径，促进中华文化软传播，让世界真正了解到中国在各方面的硬实力。

面向境外华语青年学生开展"中文+技能"联合培养，共建海外实验室，并在教师互派和学生来深交流学习、项目实践等方面与境外合作院校进行广泛合作。同时，我校将面向境外合作院校学生开设更多信息技术类课程的教学和人才培养活动。通过"国际中文+ICT"项目，实现"语—技"人才培养的无缝对接；深化校企合作，打造面向新一代

信息技术的"四链融合"育人新范式;通过强强联手,构建"中文+技能"工单式模块化教学新体系。项目对于促进中文更好地走出去,传播中国技术硬实力,带动中华文化软传播,"讲好中国故事",增进世界认同,更具开创性和战略性意义。

二、问题

(一)世界正经历百年未有之大变局

2018年6月22日,习近平总书记在中央外事工作会议上强调,当前,我国处于近代以来最好的发展时期,世界处于百年未有之大变局,两者同步交织、相互激荡。2019年6月7日,习近平总书记在第二十三届圣彼得堡国际经济论坛全会上用"三个前所未有"来说明"百年未有之大变局"的内涵,即新兴市场国家和发展中国家的崛起速度之快前所未有,新一轮科技革命和产业变革带来的新陈代谢和激烈竞争前所未有,全球治理体系与国际形势变化的不适应、不对称前所未有。

世界格局和全球秩序正在重塑,而新一轮科技革命将加速世界秩序重塑的历史进程。纵观人类历史,科学技术的每一次重大突破都会引起生产力的深刻变革,进而带来国际格局和世界秩序的巨大变化。当前,人类正处在以新材料、新能源、基因工程、人工智能、量子科学等技术为标志的第四次工业革命的前夜,新一轮科技革命的深度和广度都不是前三次科技革命所能比拟的。当前中国的经济体量和人才数量也能够为正在进行的科技变革提供源源不断的经济保障和人才支持,在某些领域中国已经领先于世界,发展前景光明。

为让世界各国人民享受到中国发展的红利,推动世界各国共同发展，构建人类命运共同体，我国在与世界各国交往过程中，坚持对话协商、共建共享、合作共赢、交流互鉴，谋求合作的最大公约数。将中国的新一代信息技术推广开来，帮助更多国家提升信息化水平，就是一种对构建人类命运共同体的有力支持。

（二）中国新一代信息技术的发展需要更多的国际人才

习近平总书记指出，聚天下英才而用之。放眼全球，经济先发国家都是利用全球人才资源作为本国经济社会发展的战略性资源。近年来全球人才流动和分布呈现出新格局，人才国家间有形的物理流动显著减少，线上人才流动呈几何级数增加，人才共享、员工共享成为新趋势，人才主权时代快速到来。这意味着，人才已经进入全球竞争和共享并存时代，人才的获取、使用方式将发生根本性改变，智力流动成为人才价值体现和保值升值的主要方式。

科技竞争、创新竞争背后是人才竞争，我国当前各领域所遭受的"卡脖子"技术困境背后是人才和技术的不足。2020年6月，浙江省率先推出"揭榜挂帅"式人才遴选和科技管理体制的改革创新，28家省级重点企业挂出29项技术需求榜单，向全球人才和团队发出"英雄帖"，为关键核心技术攻关选拔出了有能力、有意愿的领军人才，有效实现了人才链、创新链和产业链的融合。这些实践探索让越来越多的企业尝到了全球人才为我所用的甜头。我国要建设创新型国家，发展新一代信息技术，"聚天下英才而用之"是不二之选。

（三）中国标准的推广需要更广泛的参与

随着经济全球化的日益加快，中国标准走向国际化的步伐也在加快。一方面是国际贸易的发展，要求符合全球需要的商品和服务不仅要保持质量上的一致性，还要保证贸易方法、计量、运输、结算、信用、环保、资源和能源节约利用等所有方面的一致性，这就需要制定和应用大量的符合国际通行规则的产品标准、方法标准、管理标准和服务标准。另一方面，随着人类科学技术的创新和进步，技术标准不仅成为企业间争夺市场份额的重要支撑，也成为国家间竞争国际市场的贸易壁垒，这种情况使得世界各国在 WTO 框架下，都把标准的国际化提到了前所未有的战略高度来对待，从而给全世界的标准化事业的发展带来了严峻挑战和重要机遇。

在"中国制造"加速向"中国创造"转型的背景下，制定国际标准，推动中国标准走向世界，是我国创新发展的重要目标。国际标准制定的过程也是各国顶尖技术交流的过程，这对于推动企业技术进步具有积极作用。2020 年，国家标准管理委员会便印发通知，明确指出要推动"中国标准走向世界"。

对于企业来说，掌握标准，就等于掌握市场的引领权和产品的规制权。随着新一轮科技革命的到来，高端制造、物联网、信息科技等行业迎来重大发展机遇，标准制定成为各国角逐的重点。广泛的国际参与与更多的用户，是中国标准走向世界的前提之一。随着中国新一代信息技术的发展及海外市场份额不断扩大，中国企业可以在国际标准制定上不断发出中国声音。

（四）实施"中文+职业技能"教育是我国教育对外开放理念的重要实践，是提升我国职业教育全球适应性的客观需要

2020 年 6 月，教育部等八部门正式印发的《关于加快和扩大新时代教育对外开放的意见》指出，"教育对外开放是教育现代化的鲜明特

征和重要推动力……要坚持教育对外开放不动摇，主动加强同世界各国的互鉴、互容、互通，形成更全方位、更宽领域、更多层次、更加主动的教育对外开放局面"。国际中文教育和职业教育是我国教育领域对外开放的重要内容，加快推进国际中文教育和职业教育"走出去"融合发展，实施"中文+职业技能"教育，是我国教育对外开放的应有之义，也是提升我国教育国际影响力、打造教育国际品牌的重要实践。截至2021年，中国企业已对172个国家开展了对外直接投资，其海外员工规模也在迅速扩大，国际化人才供求之间存在着巨大的缺口，43%的企业认为"一带一路"地区技术溢出遇到的最大困难就是缺少技术工人，国际人才市场产生对"国际中文+ICT"技术技能人才的新需求。

根据《国家职业教育改革实施方案》有关要求，推进具有中国特色、国际先进水平的"标准建设"是推进我国职业教育国际化的重要内容。有效衔接中外教育办学标准和技术产业标准，兼顾国际中文教育和职业技术教育的特性属性，打造"中文+职业技能"教育模式，并开展相关的课程设计、教育资源开发、考核评价体系构建以及相关证书开发等，是提升我国产业技能标准国际适应性的现实需要。

（五）推动国外相关国家人员就业与再就业，推动"民心相通"落到实处

基于世界各国国家实际需求，培养更多掌握中国信息与通信技术的人才，提升国外信息与通信技术水平，加快构建人类命运共同体具有重要现实意义。以提升学员就业能力与工作岗位上升空间为目标构建微证书，确保"惠及民生"，稳固包括"一带一路"在内的国际项目建设的社会根基。结合当地需求构建中国信息与通信技术体系，提高当地民众

在"走出去"中企的就业与再就业能力，也是"走出去"中企扎根当地的坚实保障。

三、举措

（一）建设国际 ICT 学院，打造国际 ICT 教育品牌

我校制订一流国际影响力提升计划，提出建设国际 ICT 产业技术学院，开展"中文+技能中文—中文'1+X'技能微证书"培训，构建"全球实验室"等规划，具体探索、做法及成效如下。

（1）与深圳头部企业共建国际 ICT 产业技术学院。建立"全球实验室"和海外"孪生实训室"、深圳信息全球课程中心，实施"中文+技能"教育培训。

（2）通过调研国际学生，发现"国际中文+ICT 技术"符合国际学生的学习需求。根据问卷统计的结果，超过 76% 的国际学生愿意在汉语课程中增加 ICT 的内容，67% 的国际学生希望在毕业后有机会去华为、中兴等中资 ICT 企业工作。

（3）探索建构"头部企业+生态"的产业学院建设模式，推进"通识中文—国际中文+新一代信息技术微证书"体系的高效构建。

（4）开发"国际中文+新一代信息技术"技能汉语通识性教材。紧密围绕国务院确定的七个战略性新兴产业之一的新一代信息技术的完整要素编写专业用途汉语教材。

（5）试点"国际中文+新一代信息技术"深信服订单班，腾讯高等工程师学院、华为 ICT 国际微证书班。突出"岗位基础技能知识+深信服产品线知识+深信服'1+X'证书+深信服产线证书"两大知

识体系和两大证书体系；以"腾讯高等工程师学院"为依托，探索工程师学院人才培养体系和教学管理模式；以华为 ICT 国际学院、鲲鹏产业学院为实施载体，加强"深信"多个专业群建设的深度结合，建立深圳信息职业技术学院海外线上"华为职业认证培训基地（智汇云校）"，采用华为智慧教育云平台等先进技术，开展双语教学的远程华为职业认证培训。

图6-9　深圳信息职业技术学院与腾讯公司签署战略合作协议

图 6-10 深圳信息职业技术学院与华为公司签署战略合作协议

（6）设计制作我校首册《国际教育项目＆资源》，收录包括 12 大类 952 项国际合作资源，包括 ICT 领域全球知名认证证书 45 种，36 种试点"1+X"证书，为吸引境外师生来华研修提供资源和项目支撑。

（7）获汉考国际科研基金支持，牵头研制教育部中外语言交流合作中心及汉考国际的"国际中文信息与通信技术职业技能等级标准和考试体系"。

（8）获中国教育国际交流协会资金支持，牵头教育部"高端技能型、应用型人才联合培养百千万计划"方案。

（9）圆满承办教育部暨中国教育国际交流协会"2021 中国—东盟职业教育能力建设高端培训"，68 所外方院校和来自东盟国家驻华使馆的 200 位中外嘉宾参训，获得东盟各国驻华使馆及中国教育国际交流协会的高度肯定及广泛赞誉。

图 6-11　参与教育部语合中心"中文+技能"项目组校内主要领导和成员出席会议

（二）携手深圳大学共同申报教育部"国际中文+ICT 技术"教育实践与研究基地，助力国际中文教育改革

推进职业教育与国际中文教育融合发展，整合优势资源，拓展"中文+"项目内涵及承载力，赋能国际中文教育转型升级发展，既是国际中文教育转型升级发展的着力点，也是提升中国语言文化传播能力的突破口。"讲好中国故事"，促进中华文化软传播的同时，也能让世界真正了解到中国在各方面的硬实力传播，这也正是国际中文教育领域研讨并探索已久的课题。

图6-12 深圳信息职业技术学院赴深圳大学国际交流学院开展"中文+技能"专题讲座

为支持教育部国际中文教育改革,我校携手深圳大学向教育部中外语言交流合作中心共同申报共建"国际中文+ICT技术"教育实践与研究基地,构建"通识性中文—技能中文—国际中文'1+X'微证书培训"知识链和学习链,联合开展"国际中文+ICT"在"一带一路"沿线国家的人才技术培训服务,组织开发的新一代信息技术技能中文系列教程拟纳入教育部语合中心专用教材,通过硬技术推广带动中国文化软传播;2021年6月面向深圳大学56名留学生开展技术技能课程培训等,此次培训是我校与汉考国际、深圳大学达成"中文+技能"项目合作意向后的首次活动;9月完成对基地的规划工作,着手创建ICT专业汉语教学体系、探索相关教学模式及方法,开发ICT专业汉语教材,建立ICT专业汉语师资的培养模式与路径;制定ICT专业汉语考试大纲及等级标准，研究 ICT 专业汉语考试体系，组织 ICT 专业汉语考试；提炼"中文+"教育共性问题，联合申报教育部语合中心研究课题。目前在申报孔子学院总部/国家汉办面向国际"1+X"证书的方案及标准制定。

图 6-13 深圳大学客人来校共商共建"国际中文教育实践与研究基地"

图 6-14 我校与深圳大学召开基地共建项目申报建设研讨会

（三）探索与印度尼西亚共建教育合作基地，实践跨境直播授课新模式

我校与印尼坤甸共同希望学院签署合作协议，共建 ICT 国际学院，联合培养印尼学生，组织 5 名教师全中文讲授 ICT 相关课程，包括在第五学期开设图形处理 Photoshop 课，第六学期开设电子商务课，第七学期开设软件设计课，每门课为 3 学分。相关课程标准被纳入印尼院校 ICT 课程教学体系，同时双方同意就两校师生交流、合作科研、夏（冬）令营等开展合作，未来将面向印尼开展 ICT 技术社会培训。

四、成效

（一）打造技能汉语融合性师资团队，实现国际中文与职业教育的深度融合

打造"国际中文+新一代信息技术"教育硬核品质，形成品牌影响力，是落实好顶层设计的重要体现，而解决"三教"问题之一的关键是"教师"，"国际中文教育+新一代信息技术"师资培养研究项目，可以实现填补留学生"内容贯通、学教贯通、学践贯通、阶段贯通"四贯通培养过程中"国际中文+新一代信息技术"师资培养研究的空白。通过本项目，深圳大学与我校联合实现国际中文与职业教育的深度融合。

（二）"国际中文+新一代信息技术"技能汉语通识性教材开发将填补师资培养研究的空白

在实现基地人才培养目标的过程中，提炼出交叉学科教材编写的理念和原则，为同类教材的编写和交叉学科的融合提供借鉴。创建交叉学

科教材编写理念和原则，实现我国前沿技术走向世界的教材模式，探索"中文+"国际人才培养特色，完善外语教学理论，丰富专门用途汉语教学理论，拓宽教材编写领域，丰富教材编写理论，对教材开发具有重要理论价值和实践意义。

（三）建构"头部企业+生态"的产业学院建设模式，推进"通识中文+国际中文+新一代信息技术微证书"体系的高效实施

国际中文教育实践与研究基地推行精细化人才培养策略，在专业契合产业动态调整、校企协同育人的实践中，形成并提出了"产教孪生"理念，即充分依托产业头部企业的平台优势及其生态联盟，实现人才需求与人才培养、职业标准与课程体系、技术平台推广与社会服务等产教映射，反映相对应的多维产业需求。在此理念下，携手华为、腾讯、深信服、大疆等新一代信息技术头部企业共同规划产业人才培养、共同开发新技术课程、共同推广技术平台，构建"头部企业+生态"的产业学院建设模式，以"校企双驱动"新机制实现专业群与产业发展相融通；以微专业化重塑职业化、活模块课程体系，对"1+X"证书，实现课程模块紧随新技术更新，对于扩大世界范围对新一代信息技术汉语教育和学习需求、促进中国企业在海外迅速落地生根具有重要意义。

（撰稿人：耿煜、张运生）

02

打造支撑数字经济创新发展的
高水平专业群

导　读

　　学校紧密对接深圳 7 大战略性新兴产业规划，助力深圳中国特色社会主义先行示范区建设，发挥软件技术和移动通信技术两大核心专业群的示范作用，科学布局 12 大高水平专业群，形成集聚效应，建成动态调整、校企共建、多方协同的高水平发展模式。本章重点介绍了集成电路专业群、软件技术专业群、移动通信专业群、工业软件专业群 4 个高水平专业群建设机制与成果。

　　集成电路专业群创新"产教科"融合互促的校企合作新机制，搭建协同育人与协同创新平台，深度开展行企校多元合作，共建特色产业学院。以"岗"定"标"校企共建人才培养标准，以"技"建"课"校企合作共建项目化课程资源。引入企业真实项目案例，实施项目贯穿的教学改革；组建技术开发平台，聚焦集成电路专业开展技术攻关、科技成果应用与推广、科技成果转化。坚持"以赛促学、以赛促教、以赛促改"，对接深圳光电技术优势产业，将光电技术专业标准、教学内容与世界技能大赛及产业主流技术对接，以助力学生高质量就业为目标，将常规教学与竞赛训练融合，以"岗课赛"的融通切实提升人才培养质量。依托微电子专委会,发挥深圳"双区叠加"的优势,推动集成电路产业与微电子专业教育深度融合和协同创新,开展了全国师资培训,带动 20 余所高职院校开设了集成电路专业,强"芯"强"师",产教共同打造集成电路职业教育相关标准和课程体系。世界技能大赛光电技术赛项参赛期间国际培训中心光电技术分中心为全球奥地利、日本、韩国、俄罗斯、牙买加等 35 个"一带一路"国家的学生和跨国企业员工开展了培训,超过 600 人次,输出光电技术国际人才培养标准 1 项。

软件技术专业群贯彻实施"产教孪生"理念,携手腾讯、亚马逊、小米和商汤等产业头部企业开发高质量新技术系列教材。充分利用头部企业的平台优势及生态联盟,专业群委托深圳市软件行业协会调研粤港澳大湾区云服务、云开发、人工智能和大数据等新技术相关岗位人才需求现状,完成岗位能力需求分析报告;校企合作修订人才培养方案和课程体系、开展统一资历框架下包含不同技术模块的"立体化"系列教材开发,创新校企共建系列教材新机制;完成国内首套高职本、专科弹性复用的云软件开发和人工智能应用系列教材,获头部企业授权使用其商标;借力成果导向教育(OBE)课程标准制定和"1+X"职业技能等级证书标准落地,有效实施"课证融通"和模块化教学改革,全面开展线上线下混合式教学。

移动通信专业群实施"政校行企协同、岗课赛证融通"卓越 ICT 人才培养模式,与华为深度合作,建设华为授权的认证培训中心和华为国际认证在线考点,成立了"华为 ICT 学院",与 ICT 产业发展同频共振。近 3 年,信息与通信学院共有 16 名专职教师获得华为 HCIE 专家认证，5 名教师被聘为华为"移动应用开发 1+X 证书"官方教材主编和华为在线课堂专家讲师成员，2000 余名学生通过了华为系列认证，师资力量和人才培养质量在全国名列前茅，为促进国内 ICT 产业发展提供了智力和人才支持。依托华为 ICT 学院构建岗课赛证融合培养 ICT 人才模式，与华为全维度深入产教融合中打造一流专业品牌，建设卓越双师团队，提供一流的社会服务与一流的 ICT 人才，成果推广到 10 多家同类院校及合作企业。

工业软件专业群精准对接粤港澳大湾区智能制造产业链的关键环节——智能产线控制，主要培养适应工业自动化行业发展需要，具有一定的文化水平、良好的职业道德和人文素养，掌握机械、电气、电子、工业软件等知识和技术技能，面向工业自动化技术、工业机器人应用技术、智能制造技术、数字化工厂等技术领域，能够从事工业自动生产线的设计、生产、组装、调试、操作、维护、检修与技术改造，工业机器人的技术应用，以及智能产线的设计、仿真、组装等工作的高素质技术技能人才。确立"以赛促教、以赛促学"的指导思想，专业教师积极带领学生参加各类技能大赛并取得了较好的成绩。

第一章

集成电路专业（群）创新发展

案例："产教科"融合互促、"岗课赛"融通提质，
培养创新型集成电路技术技能人才

一、目标

我国集成电路受"卡脖子"事件后，目前国内不论是晶圆制造、封装测试、还是 IC 设计等各个行业，都极度欠缺具有工程经验的高端技能人才。因此，打造一个能胜任集成电路高端技能人才培养的教学组织共同体尤其重要。我们通过制度建设、内培外引、建设平台、绩效激励等打造一个具有工程经验的教学组织共同体。

集成电路产业上升为国家战略给团队带来了时代机遇。习近平总书记在视察武汉新芯集成电路制造有限公司时指出，要实现"两个一百年"奋斗目标，一些重大核心技术必须靠自己攻坚克难。2020 年 7 月，国务院印发《新时期促进集成电路产业和软件产业高质量发展的若干政策》，制定了财税、投融资、进出口及人才等相关政策。集成电路产业迎来了大发展的历史机遇，这是时代赋予教学团队的机遇，也是责任。

职业教育的提质培优行动计划给团队带来了发展机遇。2020 年 9 月教育部等九部门印发《职业教育提质培优行动计划（2020—2023 年）》（以下简称《行动计划》）。这标志着我国职业教育正在从"怎么看"转向"怎么干"的提质培优、增值赋能新时代。《行动计划》规划设计了 10 项任务、27 条举措，在落实"立德树人"根本任务、健全职业教育学校体系、深化产教融合校企合作、深化职业教育"三教"改革等方面给予了具体的指导，意味着职业教育从"大有可为"的期待开始转向"大有作为"的实践阶段。

二、问题

我国集成电路人才缺口巨大，据《集成电路产业发展白皮书》统计，到 2023 年，人才缺口高达 30 万人，特别是具有集成电路工程经验的技能人才。对于这类技能人才的培养，国家给教师教学团队提出了非常高的要求，目前集成电路教学团体建设中的主要问题如下。

（一）工程经验匮乏

集成电路是一个对工程经验要求非常高的行业，而且需要个人具有不断学习的能力。很多高校都去中芯国际、华为等高端集成电路公司挖人才，但是企业的薪资待遇与高校具有明显的差距，可见高校要争取优秀 IC（集成电路）人才执教并不是一件容易的事情，高职院校开设集成电路设计相关的课程面临巨大的挑战。

（二）缺乏工程技术研发平台

学院整体的学术研究还是处于单打独斗的状态，一方面是由于各个老师的研究方向不同，另一方面是由于缺少统一的工程技术研发平台。

使用一个工程技术研发平台不但能够提升教师的专业技能水平，而且还能大大增加校企联合项目研发的机会。

（三）缺乏有效的激励措施

教师激励主体的单一化，对于教师而言，自己同时是激励的实施者和主导者，在对教师进行激励时，一定要了解教师的心理需求，认识到每一个教师的实际需要，根据其需要实施激励。而现状是很难达到"按劳分配，效率优先，兼顾公平，优劳优酬"。

三、举措

（一）健全制度，推进团队高效协作

完善团队管理机制，制定团队师德师风建设制度、常规教学管理制度、绩效考核制度、培训激励制度、双带头人制度、兼职教师管理制度、常岗优酬制度、学业导师制度等团队管理文件。将思想政治教育贯穿团队建设，采取"以研促教、任务驱动、分类成长"的措施支持教师从深信名师、深信学者、深信工匠成长为鹏城工匠、珠江学者、国家（省）级教学名师。

（二）内培外引，优化团队成员结构

强化校企协同育人机制，对标国际一流高职教师团队，"筑巢引凤，内培外引"，打造支撑高水平专业发展的一流专兼师资队伍。引进在华为海思、龙芯半导体、国民技术等企业工作3年以上的博士教师18名，每年选派3~5名团队专职教师驻点企业实践锻炼，每年遴选3~5名行企"能工巧匠"担当"产业教授"并参与混编教学，柔性引入一流大学的国家人才。组建了一支"善教学、强研发、会服务"的高绩效国家教学创新团队。

（三）提升能力，专项培训专兼团队

依托职教集团骨干合作企业，在企业内组建 3 个"教师企业工作站"，大力推进专职教师全员轮岗下企业顶岗实践的制度，以项目为载体，提升专职教师协同创新研发能力、教学案例提取能力、实践实训指导能力。落实海内外新技术培训支持计划，拓展团队教师的国际化视野，吸收国际先进的教学资源和教学模式。激励团队教师考取高端企业认证证书，团队教师 100% 获得相关领域的高级认证证书。

（四）瞄准前沿，激励团队协同创新

依托我校与电子科技大学共同建设的深圳市电子信息产业技术研究院，设立集成电路设计与集成系统技术攻关方向。招聘专职科研人员组建科研团队，布局机器学习智能处理器、毫米波无线传输、高性能数据转换器、低功耗和安全物联网、基于第三代半导体前沿芯片设计技术等方向的研究。

四、成效

（一）打造一支国家级教学团队

集成电路技术专业教师团队入选了国家职业教育教师教学创新团队，微电子技术专业获得了省级教学团队称号；优秀人才不断涌现，在团队 25 名专任教师中，拥有博士学位的教师 25 名，比例 100%，行业高级证书获取比例 100%。拥有全国先进工作者 1 名，珠江学者特聘教授 1 名，广东省特支计划教学名师 1 人，鹏程学者特聘教授 1 名，全国技术能手 1 人，广东省千百十省级人才 1 名，深信学者 2 名，深圳孔雀计划人才 1 人，深圳高层次人才 8 名。团队具有集成电路相关企业三年以上工作或实践经历的专任教师为 18 人，占比为 72%，平均年龄为 38.5 岁。

（二）建设了一批国家平台

团队组建国家级基地 2 个、省级基地 1 个、教育部平台 1 个、广东省平台 1 个、龙岗区重点实验室 1 个，完成国家自然科学基金等课题 40 余项、技术开发项目 30 余项，到账经费超过 1000 万元。校企共建共享产教融合实训基地 10 余个，技术转换企业捐赠软件、设备价值超过 1300 万元。建设第 46 届世界技能大赛光电技术项目深圳、广东及国家集训基地 1 个，成立国际培训中心光电技术分中心 1 个。

（三）依托职教高端平台，示范引领微电子职业教育高质量发展

在教育部原副部长鲁昕的亲自关心和指导下，中国职业技术教育学会于 2020 年 8 月成立了微电子技术专业委员会（以下简称"微电子专委会"），微电子专委会已成功举办了四期微电子职业教育全国师资培训活动，由芯片制造、芯片设计 EDA（电子设计自动化）、芯片测试设备等行业领先企业的技术专家授课，培训师资近 500 人次，服务本科、高职院校 50 余家，强"芯"强师，有力推动了"双师型"师资队伍建设，助推了高职院校开设集成电路相关专业或课程模块，取得了广泛赞誉。依托世界技能组织光电技术分中心，开展了全球技能人才培训 2 次。

（四）制定标准，打造深信职教理念

输出"一带一路"国家光电人才培养标准 1 个，完成双语教学资源课程建设 6 门。研究制定微电子技术、集成电路专业人才标准共 3

套。制定集成电路工程技术职教人才培养标准1个。

（五）教学团队成果丰硕

团队承担国家、省（部）级研究课题40余项，技术开发项目30余项，解决"卡脖子"应用技术难题，获省级技术转化奖1项；获得科学技术奖省级奖1项，指导学生获光电技术金牌、国家级大赛奖项、教学能力大赛和教学成果奖等多项荣誉。

创新"产教科"融合互促的校企合作新机制，搭建协同育人与协同创新平台，深度开展行企校多元合作，共建特色产业学院。以"岗"定"标"校企共建人才培养标准，以"技"建"课"校企合作共建项目化课程资源。引入企业真实项目案例，实施项目贯穿的教学改革；组建技术开发平台，聚焦集成电路专业开展技术攻关、科技成果应用与推广、科技成果转化。坚持"以赛促学、以赛促教、以赛促改"，对接深圳光电技术优势产业，将光电技术专业标准、教学内容与世界技能大赛及产业主流技术对接，以助力学生高质量就业为目标，将常规教学与竞赛训练融合，以"岗课赛"的融通切实提升人才培养质量。

依托微电子专委会，发挥深圳"双区叠加"的优势，优化职业教育类型定位，推动集成电路产业与微电子专业教育深度融合和协同创新，举办师资培训、人才培养论坛，强"芯"强"师"，产教共同打造集成电路职业教育相关标准和课程体系建设。以世界技能大赛光电赛项参赛为抓手，依托国际培训中心光电技术分中心，输出国际化的人才培养标准。

基于深信院产教融合、校企合作的成功案例，可充分吸取其成功经验，进行推广和应用，主要体现在：

通过中国职教学会微电子专委会，联合集成电路相关企业，开展了全国师资培训，为全国高职院校和应用本科大学的 50 所学校开展了 500 人次的师资培训，带动 20 余所高职院校开设了集成电路专业。

依托光电技术国际培训中心，为全球奥地利、日本、韩国、俄罗斯、牙买加等 35 个"一带一路"国家的学生和跨国企业员工开展了培训，超过 600 人次，输出光电技术国际人才培养标准 1 项。

（撰稿人：李世国、丘聪、李春霞）

第二章

软件技术专业（群）创新发展

案例：产教双融、标准引领，创建一流示范性软件学院

一、简介

贯彻实施"产教孪生"理念，软件技术专业群携手腾讯、亚马逊、小米和商汤等产业头部企业高质量开发新技术系列教材。充分利用头部企业的平台优势及生态联盟，专业群委托深圳市软件行业协会调研粤港澳大湾区云服务、云开发、人工智能和大数据等新技术相关岗位人才需求现状，完成岗位能力需求分析报告；校企合作修订人才培养方案和课程体系、开展统一资历框架下包含不同技术模块的"立体化"系列教材开发，创新校企共建系列教材新机制；完成国内首套高职本、专科弹性复用的云软件开发和人工智能应用系列教材，获头部企业授权使用其商标；借力 OBE 课程标准制定和"1+X"职业技能等级证书标准落地，有效实施"课证融通"和模块化教学改革，全面开展线上线下混合式教学。

二、机制

面向行业人才需求，创新"立体化"教材建设机制。云计算、人工智能等新技术知识密度大、更新速度快，对从业人员的知识技术体系、技术技能水平、终身学习能力有较高的要求。如何开发构建知识技术体系和培养岗位职业能力相统一、突出信息类技术快速发展特色、兼顾知识通用性的新技术系列教材，成为本案例拟解决的关键问题。专业群携手腾讯、亚马逊、小米、商汤等头部企业，引领新技术课程与岗位能力要求和资历框架对接、教学案例与真实项目对接，探索解决校企共建新技术系列教材的难题。

依据职业教育教材标准，校企"双元"合作开发了一系列面向产业新技术的数字化教学资源，满足云软件开发、部署、测试和运维的需求，促进新技术专业课教材、实训教材开发，推动在线课程与课堂教学资源体系化建设。

对接产业需求，专业群创新统一资历框架下"立体化"系列教材的建设机制。面向云部署运维工程师、云服务软件工程师、人工智能应用工程师和大数据架构师等新技术岗位，优化调整软件技术专业群各专业方向的模块化课程体系，厘清课程边界；按照专业基础课、专业核心课、专业拓展课和实训实践课类别，分类开展统一框架、序贯衔接的"立体化"教材开发，建设相关教学资源；通过云平台模块化标准资源动态更新，推进教材资源一体化建设。

三、举措

（一）基于头部企业典型工作过程，确定专本弹性一体教材开发思路

专业群组建以行企专家、职教专家和教学名师为核心的教材建设联盟委员会，共同规划制定教材建设标准，剖析面向典型工作任务的学习情境，遴选典型项目案例素材，突出实践，强化新技术。

通过对教学内容和单元技能的模块化解析，有效实践了校企双元共建新技术高职本、专科共享教材，成功开发了国内首套高职本、专科弹性复用的基于云技术的软件开发及人工智能应用系列教材，并得到亚马逊、腾讯云、小米、商汤的商标授权出版。

（二）"产教孪生"理念结硕果，校企高质量完成"立体化"新技术系列教材开发

建设期内，针对《深度学习框架开发与应用》和《Spark 大数据分析技术》等 16 门新技术课程，依托职教云、雨课堂、中国大学 MOOC、Black bard 等信息化平台，专业群开发了 16 本新技术教材，并完成其配套教学资源建设。16 本教材详细信息如表 2-1 所示。

针对《AI 企业项目实训》和《Hadoop 应用开发综合项目实训》等新技术实训实践课程，专业群依托自主开发的"双高"专业群实训项目平台，在全院推行工单式实训教学，建设了 52 本工单手册式实训指导教材及其配套教学资源，入库数字化企业项目案例 61 个。

表 2-1 "立体化"新技术系列教材概况

新技术领域	新技术课程	新技术教材	头部企业	第一作者
云计算领域	云计算运维实战	云计算技术与应用基础	亚马逊通技术服务（北京）有限公司	诸振家
	云数据库管理实战	云数据库管理实战	亚马逊通技术服务（北京）有限公司	陆云帆
	基于云的 Python 自动化测试	Python 自动化测试——基于亚马逊云	亚马逊通技术服务（北京）有限公司	罗卿
	云计算基础架构及服务	云计算应用开发	腾讯云计算（北京）有限责任公司	陈宝文
	云计算基础	云计算基础	亚马逊通技术服务（北京）有限公司	王慧，叶建锋
大数据方向	Python 网络爬虫程序技术	Python Web 爬虫技术项目教程	亚马逊通技术服务（北京）有限公司	黄锐军
	数据分析与可视化	数据分析与可视化技术（基于 AWS 平台开发）	亚马逊通技术服务（北京）有限公司	薛国伟
	Hadoop 大数据基础	Hadoop 大数据基础	亚马逊通技术服务（北京）有限公司	花罡辰
	Spark 大数据分析技术	Spark 大数据技术	亚马逊通技术服务（北京）有限公司	程东升
	NoSQL 数据库应用开发	Hbase 数据库应用开发	深圳市商汤科技有限公司	程东升

续表

新技术领域	新技术课程	新技术教材	头部企业	第一作者
人工智能方向	人工智能综合项目实战	人工智能综合项目实战	腾讯云计算（北京）有限责任公司	杨耿
	智能应用集成开发	智能应用集成开发	北京小米科技有限公司	盛建强
	深度学习框架开发与应用	深度学习应用与开发	腾讯云计算（北京）有限责任公司	张健
		人工智能基础之深度学习开发与应用	亚马逊通技术服务（北京）有限公司	张健
	智能终端开发技术	智能终端开发技术	北京小米科技有限公司	盛建强
	机器学习应用	机器学习应用基础	腾讯云计算（北京）有限责任公司	曹维

四、成效

（一）课证融通，模块化教学改革成效显著

以 OBE 课程标准建设实施为引领，专业群有效实施了多模块、多场景下的高质量课堂教学改革。针对每门课的每个教学授课模块，明晰授课的核心技能知识点，匹配项目案例，给出学习的成果及考核要求，完成模块化解构。加强学生在"总体设计、数据获取、AI 框架选取、应用开发、部署验证、测试实施"等多方面核心技能的综合职业能力培养，按照职业基础技能、职业核心技能和职业可持续发展技能的不同技能知识要求，构建"模块化"的教学实践内容。借力"互联网+再生

学习资源"的数字化课程升级实现了专业群 98% 以上的专业课程开展了线上线下混合式教学。

以"1+X"职业技能等级证书标准为引领，专业群有效实施"1+X"证书制度下的课证融通和模块化教学改革。针对"1+X"认证，各专业设置多个基础理论课程模块以及运维考证模块的实践实训课程。通过专兼混编课程小组的组建和模块化课程教学实施，取得了良好的授课成效，2021 年度软件技术专业群"1+X"Web 前端开发、移动应用开发职业技能等级考证通过率超过 90%，"1+X"大数据平台运维考证通过率为 85%。

（二）新技术系列教材应用效果好、行业地位高，多部教材获国家级表彰

专业群与腾讯、亚马逊、小米、商汤等行业领军企业签署战略合作协议，成为国内首个获得腾讯、亚马逊、小米知识产权授权，并公开合作出版教材资源的单位。

建设期内，软件技术专业群已在高等教育出版社、人民邮电出版社、电子工业出版社出版云开发运维类教材 5 本、人工智能应用开发教材 6 本、大数据应用技术教材 5 本，其中 9 本入选国家"十三五"规划教材，2 本入选工信部"十四五"规划教材。专业群入选"十三五"职业教育国家规划的教材如表 2-2 所示。

表 2-2　入选"十三五"职业教育国家规划教材概况

序号	"十三五"职业教育国家规划教材	出版社	主编教师
1	HTML5 跨平台开发基础	高等教育出版社	王寅峰
2	Python 程序设计	高等教育出版社	黄锐军
3	数据分析技术——Python 数据分析项目化教程	高等教育出版社	薛国伟
4	知其所以然——UI 设计进阶	电子工业出版社	艾宴清
5	基于工作项目的 Android 高级开发实战（第 2 版）	电子工业出版社	李钦
6	Android 应用开发基础	电子工业出版社	赖红
7	MySQL 数据库基础实例教程（微课版）	人民邮电出版社	周德伟
8	MySQL 数据库技术（第 2 版）	高等教育出版社	周德伟
9	图说图解机器学习	电子工业出版社	耿煜

（撰稿人：王寅峰、程东升）

第三章

移动通信专业（群）创新发展

案例：与新一代信息技术产业同频共振，岗课赛证融合培养 IC 人才

一、目标

为积极响应并落实党的十九大提出的"深化产教融合、校企合作"精神，我校信息与通信学院实施了"政校行企协同、岗课赛证融通"卓越 ICT 人才培养模式，与华为深度合作，在校内建设了华为授权的认证培训中心和华为国际认证在线考点，成立了"华为 ICT 学院"，与 ICT 产业发展同频共振。近 3 年，信息与通信学院共有 16 名专职教师获得华为 HCIE 专家认证，5 名教师被聘为华为"移动应用开发 1+X 证书"官方教材主编和华为在线课堂专家讲师成员，2000 余名学生通过了华为系列认证，师资力量和人才培养质量在全国名列前茅，为促进国内 ICT 产业发展提供了智力和人才支持。

新一代信息 ICT（信息通信技术）产业，作为国家的战略性新兴产业，其发展对于我国抢占全球竞争制高点、实现国家经济高质量发展具有重要意义。我国新一代 ICT 产业正在快速崛起，由国产可控 ICT 产业链、人才链和创新链所组成的新生态正快速成形，ICT 技术迭代演进速度处于全球领先地位。深圳是全球重要的信息技术研发、制造、出口基地，在产业规模、企业竞争力、创新能力等方面在全球具有突出的优势。

据统计，2020 届高校毕业生规模达到 874 万人，同比增加 40 万人。随着世界发展以及各国收紧移民政策，海归留学生大军也开始加入 ICT 就业市场，截至 2021 年 10 月末，全国城镇新增就业 1133 万人。但这并不意味着 ICT 企业可以轻松招聘到人才。近年很多用人单位频繁出现用工缺口甚至是"用工荒"现象，尤其在新技术、新业态层出不穷的 ICT 产业领域人才更是短缺。ICT 技术由于有大量产业的加持与促进，发展速度可谓日新月异。

过去 20 年，企业的业务应用系统、数据存储系统以及企业管理系统等经历了从离线到在线、从本地到云端的变革过程。同时，由于物联网（IoT）、Wi-Fi、Cloud、AI 等技术的发展，催生了边缘计算、云管理、智能运维（AIOps）等新的市场，将企业 ICT 带入了数据驱动的智能时代。

二、问题

从以上诸多现象中可以看出，我国职业院校 ICT 产业发展主要面临以下两方面问题。

第一，高职院校教师的知识更新速度会滞后于 ICT 产业发展速度，如何产教融合，集政校行企的力量和资源来培养 ICT 新业态下的师资力量和就业人才？

第二，学校的 ICT 领域实践环境明显滞后于产业的发展，如何跟上 ICT 产业的业态和新技术的变化，创建"岗课赛证融合"课程体系，提升学生适岗迁岗能力以及高薪就业能力？

三、举措

作为地处深圳的信息类高职院校——深圳信息职业技术学院，为积极响应国家新一代信息技术产业发展的号召，贯彻党的十九大报告"深化产教融合，校企合作"的重要精神，落实《国家教育事业发展"十三五"规划》《"十三五"国家战略性新兴产业发展规划》《国务院办公厅关于深化产教融合的若干意见》等文件有关人才培养促进新经济发展的要求，实行的举措可分为如下三方面。

（一）创新"政校行企协同"育人机制，搭建多元协同育人创新平台

多元协同，联合省市通信管理局、ICT 行业协会及国际一流 ICT 企业，瞄准具备国产自主知识产权 ICT 新技术领域，搭建政校行企协同育人创新平台。创建华为 ICT 学院和鲲鹏产业学院，发挥平台在产业动态、技术标准、职业标准和人才需求等方面的敏锐、权威、实时和精准优势，开展产教融合机制探索和教育实践。依托产业学院，构建产教融合实践教学基地，向企业和学生提供产、学、研、培、鉴等全方位服务，如图 3-1 所示。

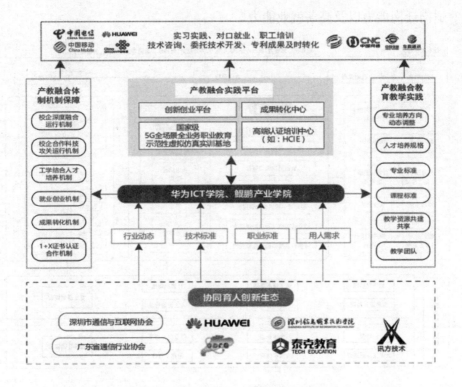

图 3-1　联合华为打造产业学院，搭建产教融合协同育人创新平台

（二）创建"岗课赛证融合"课程体系，精准对接华为行业认证体系

基于工作过程系统化理念构建专业课程体系，支撑技能大赛和华为高端认证，如图3-2所示。课岗融合试点"华为终端班"：锚定华为智能终端相关岗位能力要求，校企共同开发课程体系，共育华为终端定向就业的 ICT 人才。课赛融合试点技能竞赛：依托专业核心课程，参加"五级"（校、市、省、国家和世界级）"三类"（教育口、人社口和行业）技能大赛，"以赛促学，以赛促教"。课证融通试点华为高端认证制度：课程体系精准对接华为 ICT 认证体系，以主流技术培训提升学生

适岗迁岗能力以及高薪就业能力。

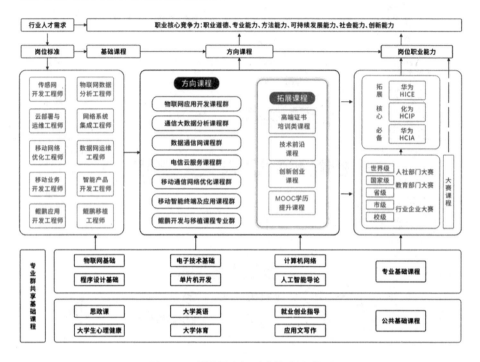

图 3-2　"岗课赛证融合"课程体系

（三）组建模块化产业匠师团队，实现人才培养与信息技术同频共振

依托华为 ICT 学院和鲲鹏产业学院，进行教师新技术培训与顶岗实践，培养具备华为 HCIE 专家认证资质的工匠之师，如图 3-3 所示；引进企业一线专家，组建"模块化"混编匠师团队。目前，已经培育 15名专任教师成为华为 HCIE 认证专家，师资力量在全国 ICT 相关专业名列前茅。

图 3-3 华为 HCIE 认证专家证书

四、成效

（一）师资培养

信息与通信学院共有 15 名专职教师获得华为 HCIE 专家认证，如表 3-1 所示。5 名教师被聘为华为"移动应用开发 1+X 证书"官方教材主编和华为在线课堂专家讲师成员。

表 3-1 我院获得华为 HCIE 高端认证的教师

序号	姓名	所获证书
1	陈煜	华为大数据 HCIE
2	郭丽丽	华为大数据 HCIE
3	彭聪	华为大数据 HCIE
4	张春晓	华为大数据 HCIE

续表

序号	姓名	所获证书
5	韦振汉	华为大数据 HCIE
6	王健	华为大数据 HCIE
7	张竞丹	华为云计算 HCIE
8	王乐	华为云计算 HCIE
9	罗德安	华为云计算 HCIE
10	范金坪	华为云计算 HCIE
11	崔英杰	华为云计算 HCIE
12	袁芳	华为数据通信 HCIE
13	何国荣	华为数据通信 HCIE
14	龚汉东	华为数据通信 HCIE
15	陈培培	华为数据通信 HCIE

（二）组建企业技术攻关团队、主动服务 ICT 产业

在通信大数据、鲲鹏智能计算、5G 通信、智能物联网、智能网联汽车等领域组建技术攻关团队，建有广东省无线通信与人工智能应用技术开发中心及无线网络与人工智能重点实验室，物联网协同创新技术研究中心、智能医学信息处理协同创新中心等平台。团队承担国家自然科学基金 6 项、省级科研项目 10 项、省厅级教研项目 14 项，累计纵向科研经费 768 万元；企业横向项目 24 项，累计横向科研经费 904.88 万

元，如表 3-2 所示；发明专利与实用新型专利 25 项，其中，发明专利 13 项；发表高水平学术论文 173 篇。

表 3-2　2019—2021 年教师承担企业横向项目一览表

序号	项目名称	经费来源	负责人	到账金额（万元）
1	面向 AI 教育的关键技术与产品研发	华索智慧教育科技（深圳）有限公司	管明祥	168
2	面向人员行为分析的视频检测设备开发	圣码智能科技（深圳）有限公司	彭保	150
3	英语口语评分引擎升级研究	深圳市海云天科技股份有限公司	罗德安	92.88
4	教育部 1+X 证书制度 2020 年度专项研究课题考核与评价测评系统建设	教育部职业技术教育中心研究所	彭保	90
5	基于 BiLSTM 模型的文本情感自动分类系统	深圳市布朗科技有限公司	夏林中	50
6	大数据网络运维平台的关键技术和系统开发	深圳微淼智控科技有限公司	王乐	32
7	基于 BERT 模型的短文本自动评分系统	深圳氏族技术有限公司	夏林中	30

续表

序号	项目名称	经费来源	负责人	到账金额（万元）
8	基于人工智能的中学作文手写体识别及自动评分系统开发	深圳市布朗科技有限公司	罗德安	30
9	AI 高端人力资源综合服务平台的关键通信技术和系统开发	深圳前海立方信息技术有限公司	管明祥	27
10	英语发音人工智能自动评分系统开发	深圳市布朗科技有限公司	罗德安	25
11	基于多场景应用的 5G 通信模块开发	深圳市飞扬乐动网络科技有限公司	郭丽丽	20
12	LoRaWan 物联网应用开发平台实现方法研究	深圳市粹联科技开发有限公司	肖效鹤	20
13	高效防碰撞的 UHF 多标签读写模块的研发	深圳市复驰科技有限公司	王建华	20
14	基于深度学习的人脸识别	深圳市晟云科技有限责任公司	叶剑锋	20
15	ROS 机器人设计和实现	深圳市华章文化传播有限公司	何国荣	20

续表

序号	项目名称	经费来源	负责人	到账金额（万元）
16	380MHz 频段 DPD 功放数字系统研发	深圳市菲尔康通讯有限公司	龚汉东	20
17	基于 BERT 的文本摘要生成系统开发	深圳市布朗科技有限公司	夏林中	20
18	基于网络摄像头的人脸识别系统	深圳市德峰电子有限公司	王健	10
19	小型摄像头模组自动调焦组装设备研制	深圳市新联兴机电设备有限公司	王建华	10
20	校园反欺凌与学生行为智能管理系统总体设计架构的研发	深圳格兰泰克科技有限公司	彭保	10
21	宽带异频正交偶极子天线	深圳市晟云科技有限责任公司	叶剑锋	10
22	闭环多天线系统的改进跨层方案的性能研究	深圳市飞扬乐动网络科技有限公司	郭丽丽	10
23	三维重建技术在美容行业的应用	深圳市康蒂儿文化实业发展有限公司	张春晓	10
24	高效宽带全向移动通信基站天线	深圳特笛森电子有限公司	叶剑锋	10

（三）学生培养

学校共有 2000 余名学生通过了华为系列认证。同时，在各大专业技能大赛中，学生们也获得了优异的成绩，如图 3-4 所示，其中包括专业技能竞赛获全国职业大赛一等奖 6 个，省级二等奖 64 个。在 2021 年全国职业院校技能大赛高职组 "5G 全网建设技术" 赛项上，移动通信技术专业的学生荣获了大赛第一名。无论是师资力量，还是人才培养的质量，都在全国名列前茅，为促进国内 ICT 产业发展提供了智力和人才支持。我院 2020 届毕业生颜桂灵，毕业后就职于中海泰克科技开发有限公司，担任数通讲师以及物联网技术讲师，年薪 20 万以上；我院 2020 届毕业生洪洁纯，在校期间多次获国家奖学金以及 "优秀三好学生" 等称号，毕业后就职于华润集团润联软件系统（深圳）有限公司，担任产品经理，年薪 15 万元以上。

图 3-4　连续 4 年获得国家职业技能竞赛一等奖 4 项

同时 ICT 学院取得的成绩也获得了华为的高度认可，2019 年至 2021 年华为公布的"优秀华为 ICT 学院"我校均名列其中，连续 3 年，如图 3-5 所示，这是对我校在 ICT 学院所做工作的充分肯定。

图 3-5　我院获得"优秀华为 ICT 学院"称号

面向国家重大战略"一带一路"和粤港澳大湾区、中国特色社会主义先行示范区建设需求，依托华为 ICT 学院所构建的岗课赛证融合培养 ICT 人才模式，我院已经取得了有效的专业办学成果和推广应用。在与华为全维度深入产教融合中打造一流专业品牌，建设卓越双师团队，提供一流的社会服务与一流的 ICT 人才。这些工作都树立了优质的品牌和标杆，同时成果推广到 10 多家同类院校及合作企业，展现了该成果的强大生命力。

（撰稿人：罗德安、于培宁、陈又圣）

第四章

工业软件专业（群）创新发展

案例：心系民族工业软件发展道路，牢记广东铸魂工程育人使命

一、目标

智能控制技术专业的前身是计算机控制技术专业，成立于 2003 年，2016 年因教育部专业目录调整更名，2014 年立项为省级重点专业。本专业精准对接粤港澳大湾区智能制造产业链的关键环节——智能产线控制，主要培养适应工业自动化行业发展需要，具有一定的文化水平、良好的职业道德和人文素养，掌握机械、电气、电子、工业软件等知识和技术技能，面向工业自动化技术、工业机器人应用技术、智能制造技术、数字化工厂等技术领域，能够从事工业自动生产线的设计、生产、组装、调试、操作、维护、检修与技术改造，工业机器人的技术应用，以及智能产线的设计、仿真、组装等工作的高素质技术技能人才。

本专业在成立之初就确立了"以赛促教、以赛促学"的指导思想，专业教师积极带领学生参加各项级别的技能大赛并取得了较好的成绩。2019 年，我校开始"双高计划"建设，其中"以赛促学"的管理体系栏目中要求：技能大赛参与学生覆盖面达到50%，学生参加全国职业院校技能大赛一等奖获奖数达2~3个，学生参加广东省职业院校技能大赛二等奖以上获奖数达60个。该栏目的绩效指标下达到智能制造与装备学院后，学院基于智能控制技术专业以往的参赛成绩，对本专业学生参加职业院校技能大赛的参赛成绩提出了数量和质量的具体要求。

二、问题

明确了学院下达的绩效指标后，本专业的竞赛指导教师们开始了积极的准备，向更好的赛项成绩发起挑战，但同时也发现问题重重。

（一）指导教师自身的教学任务重，指导学生的时间和精力都非常有限

本专业的专科学生人数较多，还与广东技术师范大学联合培养了本科生，不仅学生人数猛增，而且专科和本科的课程体系和人才培养模式差异大，导致专业教师的教学任务繁重，一般在一周任课14节以上。在课余时间，教师需要精心备课和批改作业以及完成学院交给的各项任务。为了能更好地了解新技术，指导教师还要在课余时间学习新的知识和技术以指导学生。因此能够用于指导学生的时间和精力都非常有限。

（二）用于开展备赛的场地和经费有限

根据以往的经验，要想拿到好的竞赛成绩必须在赛前使用竞赛设备进行充分的备赛练习，但是，一方面，本专业学生参加的竞赛大多是关于工业设备集成、改造的，通常这些设备的体积较大。现有实训室的面积有限，难以提供如此大面积的场地以放置竞赛设备。另一方面，某些竞赛的竞赛设备一直在推陈出新，设备价值昂贵又容易损坏，因此购买

和维修设备的成本都很高,学院的经费有限,难以满足需求。

(三) 参赛学生心理素质的培养问题

为了能够在竞赛中取得好成绩,指导教师一般会选择大二的学生参赛。这是因为大一的学生刚入校,基础知识还没有学扎实,很难进行新技术的培训和技术技能的提升训练;大三的学生有半个学期要去企业顶岗实习,其他时间忙于找工作,不能定下心来备赛,因此也不是重点培养的对象。而大二的学生可以利用寒暑假的时间充分进行竞赛准备。但是,参赛不仅仅需要扎实的知识和技术,还需要坚韧不屈的心理素质。常常在赛场上失利的选手不是没有认真准备比赛,而是心理素质不过关。由于技能大赛通常每年举办一次,学生们如果在当次大赛中没有取得好的成绩,以后也很难再有机会参赛了。

三、举措

(一) 指导教师挤出周末和晚上下班时间指导学生

为了能够获得好的竞赛成绩,指导教师们克服重重困难,挤出周末和晚上下班时间指导学生。参赛的学生们也是充分利用晚上和周末的时间进行技能训练。在其他实训室已关灯锁门时,智能控制教研室的实训中心仍然亮如白昼,人头攒动。在这里指导教师和参赛学生为比赛而积极地准备着。他们共同研究赛题,讨论解题思路,学生针对技术原理和技能瓶颈向教师请教。学生们获得的每一个证书都蕴含着指导教师沉甸甸的汗水。

(二) 为竞赛设备挤出场地和经费

由于竞赛设备体积大,在实训室里没有大面积的区域专门放置竞赛设备，指导教师们就挤出小区域的空间分别放置设备。由于上课和训练是错峰进行的，这样既能保证实训室的正常授课又能保证学生的备赛顺利进行。针对竞赛设备昂贵的问题，指导教师也想尽各种办法，如果竞赛设备包括了若干个站点，他们就利用现有的设备组装出竞赛设备，这样就仅需购买单个站点，可以大大节省经费；如果竞赛设备不能组装，他们就靠借用或租用竞赛设备完成备赛的训练。

（三）参赛学生心理素质的培养

鼓励来自中职的一年级学生与高年级学生组队参加各种类型的比赛，包括省赛和市赛等，以锻炼他们的心理素质，积累比赛的经验。等到这些学生二年级的时候，他们的知识体系比较完备、技能基础比较扎实，又积累了一定的大赛经验，是可以出成绩的最佳时机。

四、成效

经过专业教师不断的努力和精心的栽培，专业学生参加技能大赛共获省级一等奖以上奖励 10 余项，获得全国职业技能竞赛一等奖 1 项、二等奖 2 项，获得全国五部委组织的中国技能大赛一等奖 2 项；参赛学生获得全国技术能手、全国青年岗位能手称号，毕业生中 2 人被认定为深圳市地方级领军人才；2 人被认定为深圳市后备级人才，已获深圳市区两级人才奖励合计超过 1400 万元，其中深圳市地方级领军人才市区两级奖励合计 400 万元，深圳市后备级人才市区两级奖励合计 320 万元；专业历年 3A 批次招生学生分数达到本科线，历年就业率达 98% 以上，就业平均薪酬达到 5700 元以上，比全国示范、骨干校同类专业薪酬高近 20%。通过对校外专家、用人单位等开展的专业社会服务评价调查发现，社会各界对本专业课程体系建设和一体化教学给予充分的肯定，用人单位好评率100%。

（撰稿人：殷慧）

致　谢

　　深圳信息职业技术学院 2019 年入选国家"双高计划"高水平高职学校和专业群建设单位。近四年来，全校上下群策群力，奋力推动各项建设任务，形成了众多优秀办学成果。为记录这一学校办学历史中的重要阶段，学校领导、"双高计划"十一大任务各责任部门、各二级学院与各行政、教辅部门成员给予了重要而及时的指导、推动与支撑，规划发展处（一流校建设办公室）及早筹划落实。学校党委书记刘锦同志十分关心成果集的编撰出版，多次对成果集的定位、功能与质量做出重要的指示。党委副书记、校长王晖教授为书籍的出版做了重要的指导，确定了全书的总体框架，创作审定了部分重要的章节。党委委员、副校长许志良教授为书籍的出版倾注了大量的心血，指导了本书的选题、体例、结构与内容。党委副书记、纪委书记张武，党委委员、副校长姚学清、吴跃文、周彦兵均对所分管领域的案例精心指导、严格审核。学校各部门负责人和有关老师不厌其烦地不断提高文稿质量，承担着编委、作者、联络员等重要的职能。一些建设部门领导为体现案例成果的集体主义性质，主动放弃了个人署名。光明日报出版社张金良老师为本书的出版提出了严格的要求，做出了重要的贡献。

本书各案例作者分别为：吴新民、安阳、陈汝冰、蔡铁、马国栋、王寅峰、程东升、陈煜、邹海鑫、李世国、丘聪、李春霞、罗德安、于培宁、陈又圣、陈涵瀛、罗德安、于培宁、陈又圣、高军、任静儒、朱文明、谭旭、肖海兵、钟姝宇、郝剑强、王琼、柴璐璐、殷慧、李宵、刘双、林晓航、季明、张运生、余媛、江离、耿煜、张锦雄、郑玮琨、盘思乐，他们在繁重的教学科研任务之余撰写了案例，慷慨地付出了大量时间和精力，为学校办学经验留下了宝贵的文字材料。

由于篇幅所限，不能一一列举其他为本书出版做出不可磨灭的贡献的各位同事、老师的姓名，在此一并致谢！

编写组

2022 年 7 月 26 日